中国金融稳定报告
China Financial Stability Report
2021

中国人民银行金融稳定分析小组

中国金融出版社

中国人民银行金融稳定分析小组

组　长：刘桂平

成　员（以姓氏笔画为序）：

王　信　朱　隽　孙天琦　孙国峰
阮健弘　李　斌　李文森　余文建
邹　澜　陶　玲　温信祥

《中国金融稳定报告2021》指导小组

刘桂平　梁　涛　李　超　邹加怡

《中国金融稳定报告2021》编写组

总　纂：孙天琦　杨　柳　孟　辉
统　稿：杨　柳　张甜甜
执　笔：
综　述：张甜甜　刘　通
第一部分：
　正　文：沈昶烨　陈　俊　马靖杰　王　磊　董文华
　　　　　徐　昕
　专题一：刘　西　李润冬
　专题二：沈昶烨
　专题三：谢　霏　周　异
　专题四：张双长　王金明　耿　冰
第二部分：
　正　文：邱　夏　周　异　张　哲　张子扬
　专题五：王涣森
　专题六：王文静　台鸣阳　何　聪　吴佳妮
　专题七：刘　瑶
　专题八：张昕宁
第三部分：
　正　文：刘　通　刘　铮　张倩倩　胡　婧　李泽耿
　　　　　付竞卉　乌丹穆琪尔　迟　卉　李恺宁
　　　　　马新彬　吴文光　梁　斌
　专题九：刘　通
　专题十：郭旻蕙
　专题十一：秦甜贺
　专题十二：吕鹏健
　专题十三：王浩丁　陆荣博
　专题十四：孙寅浩　黄建生
　专题十五：田　甜　王　楠
　专题十六：欧阳昌民　李紫妍
　专题十七：张筱钰　张光源
　附　录：刘　铮　张　哲　鲁荛蔚　毛奇正　李　博
　　　　　赵朋飞

其他参与写作人员（以姓氏笔画为序）：
　庄礼焕　杨　洋　陈　双　陈　羲　陈文杰
　罗海飞　居　姗　胡晔旷

China Financial Stability Report 2021

综　述

2020年以来，国际形势严峻复杂，国内改革发展稳定任务艰巨繁重，特别是新冠肺炎疫情带来前所未有的冲击，全球遭受了第二次世界大战以来最严重的经济衰退。面对重大考验和挑战，中国坚持高质量发展方向不动摇，统筹疫情防控和经济社会发展，“十三五”规划圆满收官，脱贫攻坚战取得全面胜利，全面建成小康社会。2020年中国国内生产总值（GDP）同比增长2.3%，经济总量突破100万亿元，在全球主要经济体中唯一实现经济正增长。

按照党中央、国务院决策部署，在国务院金融稳定发展委员会统筹指挥下，金融系统坚持服务实体经济，全力支持稳企业保就业，进一步深化金融改革开放，坚决打好防范化解重大金融风险攻坚战，取得重要阶段性成果。一是宏观杠杆率持续过快上升势头得到有效遏制。2017—2019年宏观杠杆率总体稳定在250%左右，为应对疫情加大逆周期调节赢得了空间。2020年疫情冲击下GDP名义增速放缓、宏观对冲力度加大，宏观杠杆率阶段性上升，预计将逐步回到基本稳定的轨道。二是各类高风险机构得到有序处置。依法果断接管包商银行，在最大限度保护存款人和客户合法权益的同时，坚决打破刚性兑付，严肃了市场纪律。锦州银行财务重组、增资扩股工作完成，经营转向正轨。顺利接管“明天系”旗下9家金融机构，维持基本金融服务不中断，有序推进清产核资和改革重组工作。华信集团风险处置主要工作基本完成，安邦集团风险处置进入尾声。三是影子银行风险持续收敛。统一资管业务监管标准，合理设定调整资管新规过渡期，金融脱实向虚、资金空转等情况明显改观。四是重点领域信用风险得到稳妥化解。加强债券发行交易监测，综合施策有效化解企业债务风险。积极制定不良贷款上升应对预案，支持银行尤其是中小银行多渠道补充资本。五是金融秩序得到全面清理整顿。在营P2P网贷机构全部停业，非法集资、跨境赌博及地下钱庄等违法违规金融活动得到有力遏制，私募基金、金融资产类交易场所等风险化解取得积极进展，大型金融科技公司监管得到加强。六是防范化解金融风险制度建设有力推进。建立逆周期资本缓冲机制，出台系统重要性银行评估办法，发布金融控股公司监管办法，统筹金融基础设施监管。完善存款保险制度建设和机构设置，发挥存款保险早期纠正和风险处置平台作用。制定重点房地产企业资金监测和融资管理规则，推出房地产贷款集中度管理制度。总体看，经过治理，金融风险整体收敛、总体可控，金融业平稳健康发展，为有效应对新冠肺炎疫情冲击、全面建成小康社会创造了良好的金融环境。

当前，百年变局和世纪疫情交织叠加，世界进入动荡变革期，国内外不稳定性不确定性显著上升。国际方面，2020年以来的新冠肺炎疫情全球大流行使大变局加速演进，世界经济低迷，全球产业链、供应链因非经济因素而面临冲击，国际贸易和投资大幅萎缩，发达经济体宽松货币政策溢出效应持续显现，经济全球化遭遇逆流，保护主义、单边主义上升，国际经济、科技、文化、安全、政治等格局都在发生深刻调整。国内方面，我国防控疫情输入压力依然较大，经济恢复不均衡、基础不牢固。同时，金融风险仍然点多面广，区域性金融风险隐患仍然存在，部分企业债务违约风险加大，个别中小银行风险较为突出，这些都对维护金融稳定提出了更高要求。

展望未来，我国经济长期向好、市场空间广阔、发展韧性强大的基本特征没有改变，以国内大循环为主体、国内国际双循环相互促进的新发展格局正在形成。2021年是“十四五”开局之年，也是中国共产党成立100周年，做好经济社会发展工作、迈好“十四五”时期我国发展第一步，至关重要。为此，要辩证认识和把握国内外大势，统筹中华民族伟大复兴战略全局和世界百年未有之大变局，深刻认识我国社会主要矛盾发展变化带来的新特征新要求，深刻认识错综复杂的国际环境带来的新矛盾新挑战，增强机遇意识和风险意识。在继续统筹推进常态化疫情防控和经济社会发展的同时，保持宏观金融政策的连续性、稳定性和可持续性，稳健的货币政策灵活精准、合理适度，增强微观主体活力，大力支持普惠小微、乡村振兴、制造业、科技创新和绿色转型发展，加强对实体经济的金融服务，促进经济平稳健康运行。处理好金融发展、金融稳定和金融安全的关系，健全金融风险预防、预警、处置、问责制度体系，推动中小金融机构改革化险，着力降低信用风险，维护股市、债市、汇市平稳运行，严密防范外部风险冲击。继续深化改革开放，进一步推动利率汇率市场化改革，稳步推进资本市场改革，推动债券市场高质量发展。深化金融机构改革，促其回归本源、专注主业。在有效防范风险的前提下，继续扩大高水平金融开放。

目 录

第一部分
宏观经济运行情况

2020年，面对突如其来的新冠肺炎疫情、世界经济深度衰退等多重严重冲击，中国坚持高质量发展方向不动摇，统筹疫情防控和经济社会发展，在全球主要经济体中唯一实现经济正增长，较好地完成了全年发展主要目标。但同时，新冠肺炎疫情仍在全球蔓延，国际形势中不稳定不确定因素增多，世界经济形势复杂严峻，国内经济恢复基础尚不牢固，潜在风险挑战仍然存在。下一步，金融系统将继续坚持稳中求进工作总基调，立足新发展阶段，贯彻新发展理念，更好地统筹发展和安全，继续做好“六稳”“六保”工作，为构建新发展格局和经济高质量发展提供有力有效的支持。

一、国际经济金融形势

2020年，新冠肺炎疫情对全球经济结构、贸易投资、宏观调控框架产生了深远影响。全球经济经历了第二次世界大战以来最严重的衰退，主要经济体上半年经济萎缩，下半年有限反弹，全球经济复苏仍面临较大不确定性。

（一）主要经济体经济形势

全球经济缓慢复苏。2020年，主要发达经济体国内生产总值（GDP）在第二季度大幅下降后，下半年有所回升，但增长动能减弱。从环比数据看，2020年第二季度，美国、欧元区、日本GDP环比折年率增速分别降至-31.4%、-38.8%和-29.3%，第三季度大幅反弹，第四季度回落至4.3%、-2.7%和11.7%（见图1-1）。从全年看，美国、欧元区、日本GDP同比分别下降3.5%、6.6%、4.8%。

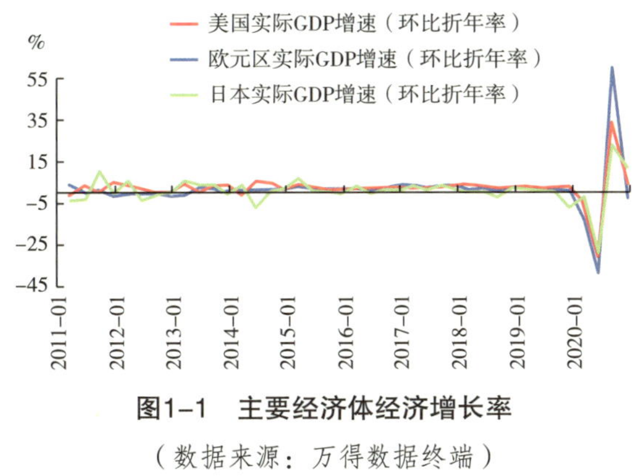

图1-1 主要经济体经济增长率

（数据来源：万得数据终端）

失业压力仍在高位。2020年，美国失业率在4月达到14.8%的高位后逐步下降，但降幅持续收窄，12月与11月持平为6.7%。2020年4—12月，欧元区失业率从7.2%升至8.1%，日本失业率从2.6%升至3.0%（见图1-2）。

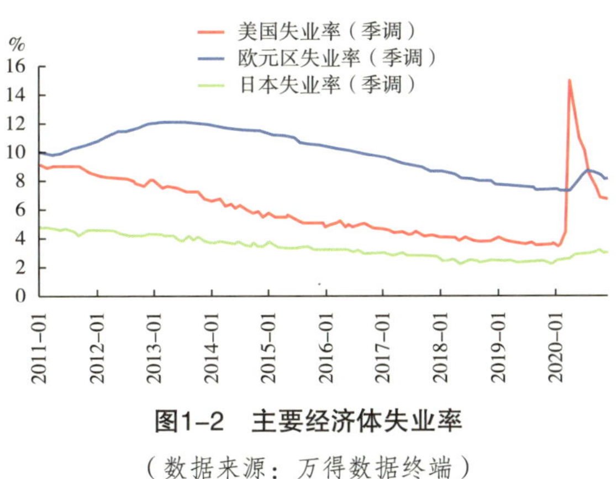

图1-2 主要经济体失业率

（数据来源：万得数据终端）

通胀总体下行但有所分化。2020年5月，美国居民消费价格指数（CPI）同比降至近年低点0.1%，12月回升至1.4%。欧元区和日本的物价指数全年保持低位，12月分别降至-0.3%和-1.2%（见图1-3）。部分新兴市场经济体面临结构性通胀压力，受食品价格上涨影响，2020年12月，印度、巴西CPI同比分别为4.6%和4.5%。

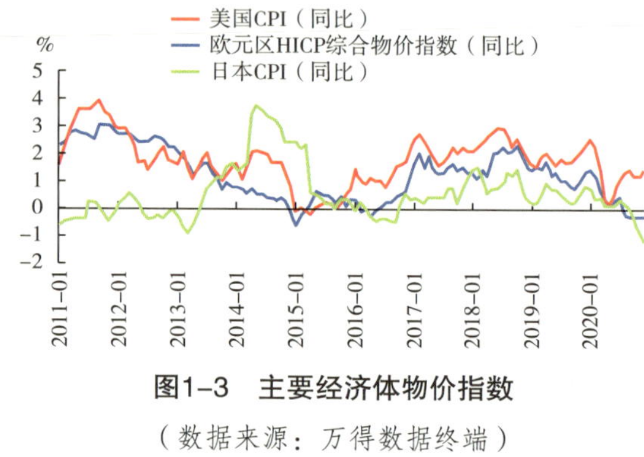

图1-3　主要经济体物价指数

（数据来源：万得数据终端）

国际贸易和投资萎缩。世界贸易组织（WTO）数据显示，2020年全球货物贸易同比萎缩5.3%，预计2021年将反弹至8%。联合国贸易和发展会议数据显示，2020年全球直接投资大幅下降42%，其中，发达经济体接受的外商直接投资下降69%，发展中经济体下降12%。

（二）金融市场恢复快于实体经济

美元指数走低，其他主要货币相应升值。2020年12月，美元指数跌至90，创2018年以来新低。2020年，欧元、英镑、日元对美元汇率分别升值8.5%、4.1%、5.3%（见图1-4）。2020年下半年以来，新兴市场经济体货币对美元汇率也自低位反弹，但多数仍未恢复至疫情前的水平。

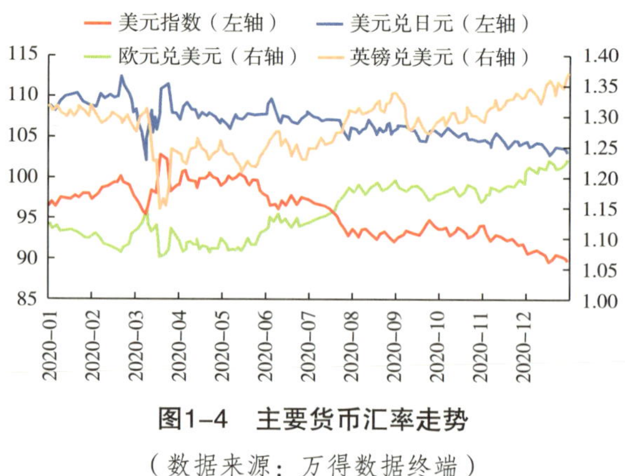

图1-4　主要货币汇率走势

（数据来源：万得数据终端）

主要发达经济体国债收益率大幅震荡后下行。疫情暴发后全球金融市场产生恐慌，国债作为传统意义上的安全资产亦遭抛售，收益率飙升。随着主要发达经济体实施超宽松货币政策，国债收益率震荡下行。截至2020年末，美国、德国、英国的10年期国债收益率较2019年末分别下降了99、38、62个基点（见图1-5）。值得注意的是，2020年8月后，受经济前景预期改善以及投资者资产配置调整的影响，美国长期国债收益率逐步上升。

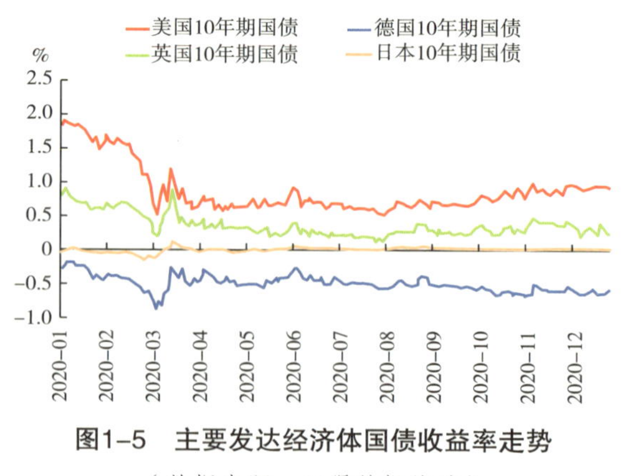

图1-5　主要发达经济体国债收益率走势

（数据来源：万得数据终端）

全球股市暴跌后持续上涨，但波动放大。新冠肺炎疫情暴发导致全球股市大幅下跌。2020年3月下旬至12月末，美国主要股指快速反弹，恢复至疫情前水平之后再创新高。日本和多数亚洲新兴市场经济体主要股指也已恢复至疫情前水平，但英国和一些欧洲国家股市尚未完全恢复。股市快速上涨也伴随着波动性的增大，2020年9月和10月美国股市出现两次幅度在8%左右的回调，引发全球股市调整（见图1-6）。

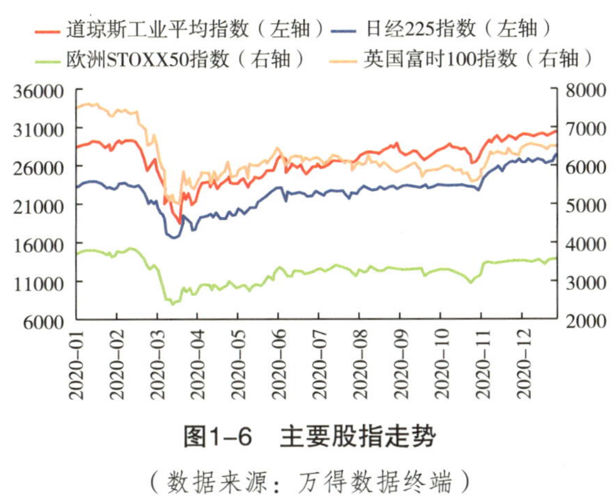

图1-6 主要股指走势

（数据来源：万得数据终端）

大宗商品价格下跌后有所回升。新冠肺炎疫情冲击下，2020年3—5月，大宗商品价格普遍大幅下跌，下半年企稳并有所回升。伦敦布伦特原油期货和纽约轻质原油期货价格在4月下旬跌至低点后逐步回升，年末分别收于48美元/桶和52美元/桶，较上年末分别下跌20.9%和21.7%。伦敦金现货价格收于1897美元/盎司，较上年末上涨9.8%（见图1-7）。伦敦金属交易所（LME）铜、铝期货价格分别较上年末上涨25.7%和9.8%。

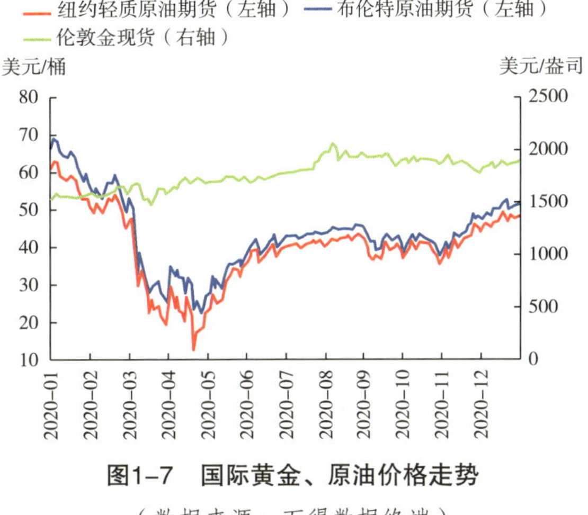

图1-7 国际黄金、原油价格走势

（数据来源：万得数据终端）

（三）风险与挑战

2021年4月，国际货币基金组织（IMF）预测2021年和2022年全球经济增速分别为6.0%和4.4%。其中，发达经济体增速预计分别为5.1%和3.6%，新兴市场和发展中经济体增速预计分别为6.7%和5.0%。展望未来，全球经济可能面临以下风险。

全球经济复苏的态势将在很大程度上取决于疫情的发展。尽管新冠肺炎疫苗已进入接种阶段，但病毒变异情况、疫苗的有效性以及民众接种意愿存在不确定性，可能持续扰动经济复苏进程。若疫情长期延续还可能导致产业链、供应链以及国际贸易投资格局发生调整，进而对全球劳动生产率、通货膨胀等产生深远影响。

金融风险隐患有所增加。资产价格快速上涨，全球股市快速恢复，多国房价再创新高，对金融稳定构成潜在威胁。企业部门债务负担加重，非银行金融机构杠杆水平不断上升，风险逐渐暴露。发达经济体超宽松政策的溢出效应明显，跨境资本流动波动加大，一旦主要发达经济体释放货币政策转向信号，可能导致风险资产的重新定价以及全球融资条件重新收紧，引发金融市场大幅调整，影响市场信心和金融稳定。

新兴市场经济体面临严峻挑战。一是新兴市场经济体2021年融资需求依旧较高，公共债务水平将不断上升。IMF预测2021年新兴市场经济体（中国除外）的公共债务水平将升至GDP的61%，融资需求约为GDP的13%。同时，由于疫情背景下投资者普遍存在风险厌恶情绪，许多新兴市场经济体更多地发行短期浮动利率债券，未来可能面临较大展期风险。二是疫情暴发以来，新兴市场经济体的国内银行一直是政府债券的主要购买者，这可能加剧主权债务风险上升和银行资产质量下降之间的恶性循环，同时挤占私人部门贷款增长空间。三是新兴市场经济体的经济复苏预计将慢于发达经济体，通胀预期和发达经济体利率水平的上升可能导致新兴市场经济体融资条件重新收紧，再次面临资本外流的压力。

二、国内宏观经济运行

2020年，面对严峻复杂的国际形势、艰巨繁重的国内改革发展稳定任务，特别是新冠肺炎疫情的严重冲击，全国上下齐心协力，在全球主要经济体中率先控制住疫情、率先复工复产、率先实现经济正增长，统筹疫情防控和经济社会发展工作取得重大战略成果，"十三五"规划圆满收官，全面建成小康社会任务如期完成。

（一）经济增长逐季改善，产业结构总体稳定

2020年，我国GDP为101.60万亿元，按可比价格计算，同比增长2.3%，各季度同比增速分别为-6.8%、3.2%、4.9%和6.5%，逐步恢复常态（见图1-8）。分产业看，第一产业增加值7.78万亿元，同比增长3.0%；第二产业增加值38.43万亿元，同比增长2.6%；第三产业增加值55.40万亿元，同比增长2.1%。从产业增加值占GDP比重看，第一产业为7.7%，较上年提高0.6个百分点；第二产业为37.8%，较上年下降0.8个百分点；第三产业为54.5%，较上年提高0.2个百分点。

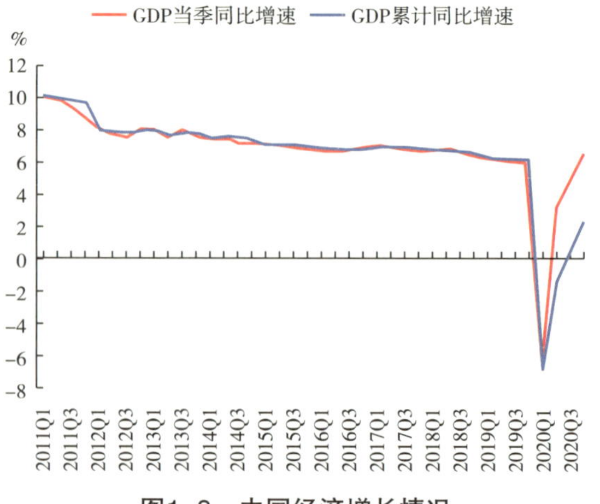

图1-8　中国经济增长情况

（数据来源：国家统计局）

（二）投资成为增长主要动力，国际收支总体平衡

2020年，固定资产投资（不含农户）51.90万亿元，同比增长2.9%，增速比上年回落2.5个百分点。社会消费品零售总额39.20万亿元，同比下降3.9%，增速比上年回落11.9个百分点。货物进出口总额32.16万亿元，同比增长1.9%，增速比上年回落1.5个百分点。其中，出口17.93万亿元，同比增长4.0%；进口14.22万亿元，同比下降0.7%。进出口相抵，全年贸易顺差3.71万亿元（见图1-9）。受疫情冲击，需求结构有所变化，投资成为稳定经济增长的主要动力。2020年，最终消费支出对经济增长的贡献率为-22.0%，比上年下降80.6个百分点；资本形成总额对经济增长的贡献率为94.1%，比上年上升65.2个百分点；货物和服务净出口对经济增长的贡献率为28.0%，比上年上升15.4个百分点。

图1-9　三大需求累计增长情况

（数据来源：国家统计局，海关总署）

2020年，我国经常账户顺差2740亿美元，与同期GDP的比值为1.9%，较上年提高1.1个百分点；资本和金融账户逆差1058亿美元，其中非储备性质的金融账户逆差778亿美元，储备资产增加280亿美元。2020年末，我国外汇储备余额3.22万亿美元，比上年末增加1086亿美元，增长3.5%。

（三）CPI结构性上涨，PPI小幅下降

2020年，CPI同比上涨2.5%，涨幅比上年回落0.4个百分点，各季度同比分别上涨5.0%、2.7%、2.3%和0.1%。分类别看，食品价格上涨10.6%，涨幅比上年提高1.4个百分点；非食品价格上涨0.4%，涨幅比上年回落1.0个百分点；消费品价格上涨3.6%，与上年基本持平；服务价格上涨0.6%，涨幅比上年回落1.1个百分点。

2020年，工业生产者出厂价格指数（PPI）同比下降1.8%，降幅比上年扩大1.5个百分点，各季度同比分别下降0.6%、3.3%、2.2%和1.3%（见图1-10）。其中，生活资料价格小幅上涨0.5%，涨幅比上年回落0.4个百分点；生产资料价格下降2.7%，降幅比上年扩大1.9个百分点。工业生产者购进价格指数（PPIRM）下降2.3%，降幅比上年扩大1.6个百分点，其中各季度降幅分别为0.8%、4.4%、2.7%和1.3%。

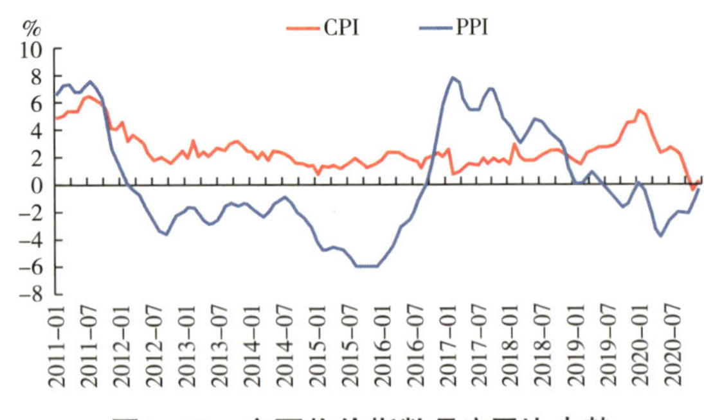

图1–10 主要物价指数月度同比走势

（数据来源：国家统计局）

（四）财政收入逐季好转，重点领域支出保障有力

2020年，全国一般公共预算收入18.29万亿元，同比下降3.9%，好于预期。各季度同比增幅分别为-14.3%、-7.4%、4.7%、5.5%，财政收入逐季好转。其中，中央一般公共预算收入8.28万亿元，同比下降7.3%，占全国一般公共预算收入的45.3%；地方一般公共预算本级收入10.01万亿元，同比下降0.9%，占全国一般公共预算收入的54.7%。从收入结构看，税收收入15.43万亿元，同比下降2.3%，占全国一般公共预算收入的84.4%；非税收入2.86万亿元，同比下降11.7%，占全国一般公共预算收入的15.6%。

全年全国一般公共预算支出24.56万亿元，同比增长2.8%，疫情防控、脱贫攻坚、基层"三保"等重点领域支出得到有力保障。其中，中央一般公共预算本级支出3.51万亿元，与上年基本持平；地方一般公共预算支出21.05万亿元，同比增长3.3%（见图1-11）。

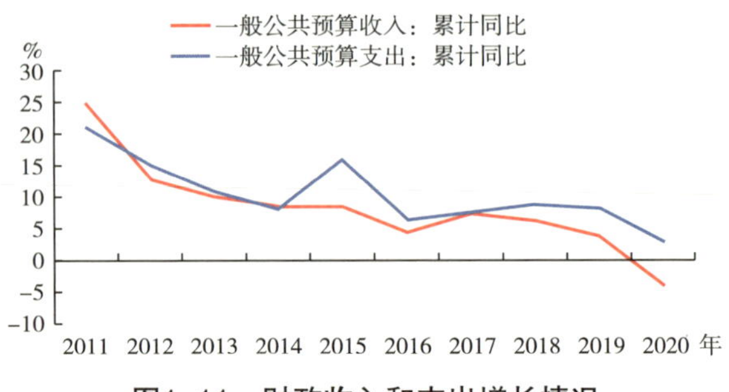

图1–11 财政收入和支出增长情况

（数据来源：财政部）

（五）工业企业利润有所好转

2020年，全国规模以上工业企业实现主营业务收入106.1万亿元，同比增长0.8%；主营业务成本89.0万亿元，同比增长0.6%；实现利润总额6.45万亿元，同比增长4.1%；主营业务收入利润率为6.08%，比上年提高0.20个百分点①。在41个工业大类行业中，26个行业利润总额比上年增加，15个行业减少。

人民银行对5000户工业企业的调查结果表明工业企业经营情况总体趋稳。从盈利看，样本企业主营业务收入较上年有所下降，利润总额降幅较上年收窄。5000户工业企业2020年主营业务收入同比下降1.7%，增速比2019年②低4.7个百分点；利润总额同比下降0.8%，降幅较2019年收窄5.5个百分点。

① 根据国家统计局发布的信息，由于统计调查制度规定的口径调整、统计执法、剔除重复数据等因素，2020年规模以上工业企业财务指标增速及变化按可比口径计算。

② 由于样本企业调整、财务数据更新等原因，本文所用的2019年末数据均为最新的、经过调整后的数据，可能与上年报告中的数据相比存在一定差异。

从资产周转看，样本企业存货周转率和总资产周转率较上年有所下降，营业周期有所延长。2020年，5000户工业企业存货周转率为5.5次，较上年低0.3次；总资产周转率为0.7次，较上年低0.1次；营业周期为129.8天，较上年高7.6天。从资产负债率看，样本企业资产负债率较上年有所下降。2020年末，5000户工业企业资产负债率为58.0%，较上年末下降0.2个百分点；流动比率为109.0%，较上年末上升1.6个百分点；速动比率为85.1%，较上年末提升2.3个百分点（见图1-12）；利息保障倍数为5.7倍，较上年末下降0.2。

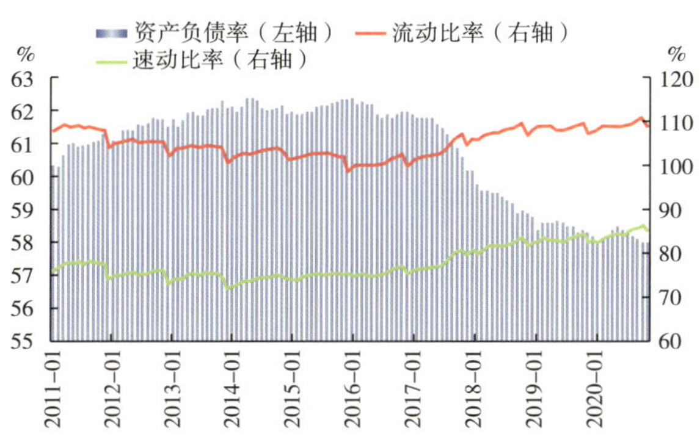

图1-12 5000户工业企业资产负债率、流动比率和速动比率

（数据来源：中国人民银行）

（六）就业形势总体稳定，城乡居民收入差距进一步缩小

2020年，城镇新增就业1186万人，比上年少增166万人，年末全国城镇调查失业率为5.2%，与上年末持平。全国居民人均可支配收入32189元，扣除价格因素实际同比增长2.1%，比上年放缓3.7个百分点。其中，城镇居民人均可支配收入43834元，实际增长1.2%；农村居民人均可支配收入17131元，实际增长3.8%（见图1-13）。城乡居民人均收入倍差2.56，比上年缩小0.08。

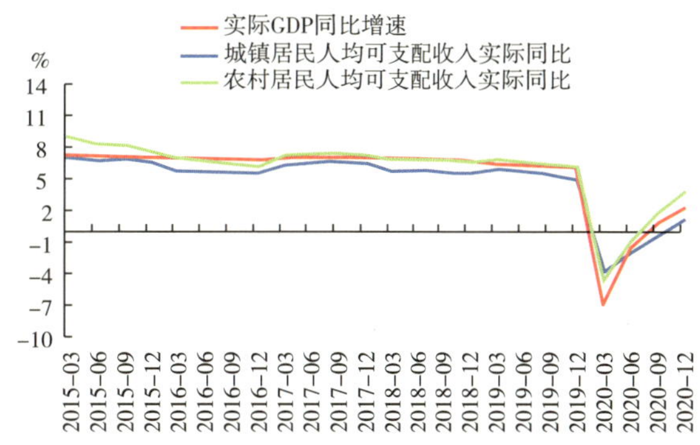

图1-13 城乡居民人均可支配收入与GDP增速

（数据来源：国家统计局）

（七）房地产销售稳步恢复，房地产贷款增速保持回落

房地产销售稳步恢复，房价总体稳定。2020年，全国商品房累计销售17.61亿平方米，同比增长2.6%，其中住宅销售15.49亿平方米，同比增长3.2%，增速较上年分别提高2.7个和1.7个百分点。2020年，全国商品房累计销售17.36万亿元，同比增长8.7%，增速较上年提高2.2个百分点。根据国家统计局数据，2020年12月，全国70个大中城市新建商品住宅和二手住宅价格分别同比上涨3.7%和2.1%，涨幅较上年同期分别下降3.1个和1.5个百分点。

房地产贷款增速保持回落。截至2020年末，我国房地产贷款余额49.58万亿元，同比增长11.7%，较上年回落3.1个百分点。其中，房地产开发贷款余额11.91万亿元，同比增长6.1%，较上年回落4.0个百分点；个人住房贷款余额34.44万亿元，同比增长14.6%，较上年回落2.1个百分点。

三、展望

2021年，金融系统将以习近平新时代中国特色社会主义思想为指导，坚持稳中求进工作总基调，立足新发展阶段，贯彻新发展理念，构建新发展格局，以推动高质量发展为主题，以深化供给侧结构性改革为主线，以改革创新为根本动力，统筹发展和安全，巩固拓展疫情防控和经济社会发展成果，科学精准实施宏观政策，全力支持经济金融稳定运行，确保“十四五”开好局、起好步。

保持宏观政策连续性、稳定性、可持续性。继续实施积极的财政政策和稳健的货币政策，政策操作上更加精准有效，不急转弯，把握好政策时度效。积极的财政政策要提质增效、更可持续，保持适度支出强度，在促进科技创新、加快经济结构调整、调节收入分配上主动作为，抓实化解地方政府隐性债务风险工作。稳健的货币政策要灵活精准、合理适度，把服务实体经济放到更加突出位置。完善货币供应调控机制，综合运用多种货币政策工具，管好货币总闸门，保持流动性合理充裕，保持货币供应量和社会融资规模增速同名义经济增速基本匹配。发挥好再贷款、再贴现精准滴灌作用，继续实施直达实体经济的政策工具，大力支持普惠小微、乡村振兴、制造业、科技创新和绿色转型发展。保持宏观杠杆率基本稳定，处理好恢复经济和防范风险的关系。

加强金融市场体制机制建设。坚持“建制度、不干预、零容忍”，坚持市场化法治化国际化，深化资本市场改革开放，加强基础制度建设。加强债券市场建设，推动完善债券市场法制，促进债券市场金融基础设施根据市场实际需要有序互联互通，提升债券违约处置效率。发挥市场供求在汇率形成中的决定性作用，保持人民币汇率弹性和在合理均衡水平上的基本稳定。稳妥推进资本项目开放，加快完善外汇市场管理框架。实施好房地产金融审慎管理制度，完善金融支持住房租赁政策体系。

进一步推进金融机构改革，优化金融供给。坚持以强化公司治理为核心，深化大型商业银行改革，建立中国特色现代金融企业制度。引导大型银行服务重心下沉，提高效率，更好服务小微企业、民营企业。促进中小银行和农村信用社聚焦主责主业，回归当地、回归本源，建立有效的治理制衡机制。改革优化开发性、政策性金融，实行业务分类核算，提升支持国家战略的能力。

健全金融风险预防、预警、处置、问责制度体系，构建防范化解金融风险长效机制。坚持底线思维，加强金融风险全方位扫描预警。全力做好存量风险化解工作，坚决遏制各类风险反弹回潮。进一步明确和压实各方责任，形成风险处置合力。以“在线修复”为主稳妥化解中小金融机构风险，持续推动中小金融机构改革化险。化解重点区域金融风险，维护地方良好金融生态环境。加大银行体系不良资产核销力度，分类施策补充中小银行资本。强化平台企业金融活动监管，打击比特币挖矿和交易行为。抓紧补齐监管制度短板，加快完善现代金融监管体系，加强监管协调。健全金融风险问责机制，对重大金融风险严肃追责问责，有效防范道德风险。有效发挥存款保险制度的作用，聚焦早期纠正，进一步完善存款保险专业化、市场化风险处置机制。严密防范外部风险冲击，加强预期管理，做好应对预案和政策储备。提升金融风险防控的前瞻性、全局性和主动性，守住不发生系统性金融风险的底线。

积极发挥绿色金融“加速器”作用，推动实现碳达峰、碳中和目标。动员公共和私人部门资金支持绿色经济活动，加强气候相关信息披露，完善并统筹绿色金融分类标准，创设碳减排支持工具提供低成本资金支持，通过商业信用评级、存款保险费率、公开市场操作抵押品框架等渠道加大对绿色金融的支持力度。研究应对气候变化对金融稳定的影响，探索在对金融机构的压力测试中系统性地考虑气候变化因素，并逐步将气候变化相关风险纳入宏观审慎政策框架，鼓励金融机构评估和管理其环境和气候风险。配合建立全国性碳排放权交易市场，发挥好碳市场的价格发现作用。同时，加强与国际组织和相关经济体在绿色金融方面的国际合作，为全球环境治理贡献力量。

专题一　宏观杠杆率变动及分析

宏观杠杆率是指非金融企业部门（以下简称“企业部门”）、政府部门、住户部门的债务余额与年度国内生产总值之比。各部门债务一般指通过金融市场或金融机构形成的负债。宏观杠杆率为防范化解金融风险、维护金融稳定提供了重要决策依据。

一、我国宏观杠杆率基本情况

国际金融危机以来，我国宏观杠杆率整体呈上升趋势，由2008年末的143.1%上升至2016年末的248.6%，上升了近105.5个百分点。2017—2019年，宏观杠杆率总体稳定在250%左右，年均上涨2.0个百分点，低于2008年末至2016年末年均13.2个百分点的增幅，为全力支持抗击百年不遇的新冠肺炎疫情创造了政策空间。

2020年，受新冠肺炎疫情冲击影响，我国宏观杠杆率出现阶段性上升。初步测算，2020年末我国宏观杠杆率为279.4%，比上年末高23.5个百分点。分部门看，企业部门为161.2%，比上年末高9.1个百分点；住户部门为72.5%，比上年末高7.4个百分点；政府部门为45.7%，比上年末高7.1个百分点。

二、客观看待当前宏观杠杆率回升

一是从国际上看，受疫情冲击影响，全球主要经济体宏观杠杆率均明显上升，而我国宏观杠杆率增幅不高。根据国际清算银行（BIS）数据，2020年末美国（296.1%）、日本（418.9%）杠杆率分别比上年末上升42.8和40.6个百分点，明显高于我国同期26.6个百分点（BIS口径）的增幅。

二是疫情导致名义GDP增速放缓是推升我国宏观杠杆率的重要因素，贡献率达58.4%。2020年，我国名义GDP增长3.0%，比上年低4.3个百分点；实际GDP增长2.3%，比上年低3.7个百分点。2020年我国宏观杠杆率增幅比上年同期扩大16.7个百分点。其中，名义GDP增速放缓影响杠杆率多增9.7个百分点，贡献率达58.4%。在名义GDP增速放缓的影响中，实际GDP增速减缓影响杠杆率多增7.9个百分点，是推升杠杆率的主因；价格指数回落影响杠杆率多增1.8个百分点。

三是随着我国经济稳步复苏，2020年宏观杠杆率增幅逐季收窄，第四季度环比净下降。得益于疫情防控取得重大进展以及宏观调控政策精准发力，2020年第二季度起我国国民经济稳步复苏，第二、三、四季度GDP当季实际增速分别为3.2%、4.9%和6.5%，逐季走高。其中，第四季度GDP实际增速是2019年以来当季增速最高值。随着经济逐步恢复至合理运行区间，宏观杠杆率增幅也逐季收窄。分季度看，第一季度宏观杠杆率环比上升14.0个百分点，第二季度环比上升7.2个百分点，第三季度环比上升3.9个百分点，第四季度环比净下降1.6个百分点。2021年上半年，国民经济总体延续稳定恢复态势，生产生活秩序稳步恢复，保持宏观杠杆率基本稳定取得显著成效。

四是当前金融支持实体经济效率明显提高，即新增相对较少的债务资金，撬动经济较快恢复。2020年总债务增长12.4%，增速处于历史较低水平，比2009—2019年总债务增速平均值低约4.6个百分点。各季度新增债务规模分别为10.7万亿元、9.1万亿元、7.7万亿元和3.9万亿元，呈逐季回落趋势。第二季度起，我国经济增速稳步回升，而新增债务规模逐季收窄，这表明当前宏观调控政策对实体经济的传导更加通畅，债务资金使用效率明显提高，以相对较少的新增债务资金支持经济较快恢复至合理区间。

三、分部门分析我国宏观杠杆率

（一）企业部门杠杆率增长较快，是宏观调控政策稳企业、保就业的重要体现

近年来企业部门存量风险得到有序释放。企业部门杠杆率是我国宏观杠杆率最主要的组成部分，占比基本保持在60%左右。从国际比较看，我国企业部门杠杆率在主要经济体中位居前列。2017—2019年，企业部门杠杆率连续三年净下降，合计净下降7.6个百分点，有助于有序释放潜在风险，也为企业部门新增债务留下了一定空间。

2020年末，企业部门杠杆率较上年末上升9.1个百分点，对宏观杠杆率整体增幅（23.5个百分点）的贡献率为38.5%，是推升宏观杠杆率最主要的因素。企业部门杠杆率回升，一方面与经济增速放缓密切相关，另一方面与疫情以来宏观调控政策提高“直达性”，强化对稳企业保就业的金融支持有关。

当前企业部门新增债务风险得到有效管控。2020年，企业部门债务增长9.1%，比上年高1.8个百分点。分债务工具看，新增企业部门债务主要集中于贷款和债券。2020年，企业贷款和债券与GDP之比较上年高12.4个百分点，对企业部门杠杆率增幅的贡献超过100%。此外，随着资管新规过渡期临近结束，企业部门的表外债务继续压降。2020年，企业表外债务（如信托贷款、委托贷款）与GDP之比较上年下降3.0个百分点。

（二）政府部门杠杆率增长较快，有力对冲疫情的负面影响

近年来我国不断规范地方政府融资，有序释放政府部门债务风险。2015—2017年，政府部门经历了去杠杆，合计杠杆率净下降

2.8个百分点；2018—2019年，政府部门杠杆率保持相对稳定，合计上升2.6个百分点。

2020年末，政府部门杠杆率较上年末上升7.1个百分点，增幅较上年扩大4.8个百分点，比2008—2019年的年均增幅高6.4个百分点。政府部门杠杆率增长较快，除疫情导致的经济放缓外，主要是因为实施更加积极的财政政策对冲疫情带来的负面影响。按照财政预算安排，2020年政府赤字约3.76万亿元，发行抗疫特别国债1万亿元，下达新增地方政府专项债券限额3.75万亿元，合计比上年多增约3.6万亿元。2020年宏观调控政策精准发力，有力有效、及时合理，稳住了经济和就业基本盘。

（三）住户部门杠杆率增幅有限，风险得到有效控制

近年来，我国住户部门杠杆率持续上升，由2008年末的18.2%上升到2019年末的65.1%，年均增长4.3个百分点，且历年增幅波动不大，增长一直较为平稳。

2020年，我国住户部门杠杆率比上年高7.4个百分点，增幅比2008—2019年年均增幅高3.1个百分点，增幅有限。同时，住户部门杠杆率对宏观杠杆率增长的推动作用在弱化。2020年，住户部门杠杆率增幅对宏观杠杆率整体增幅的贡献率为31.3%，较上年大幅下降36.2个百分点。

当前住户部门债务过快增长已得到有效遏制。从债务增速看，2018年以来我国住户部门债务增速总体呈放缓态势。2020年，住户部门债务增长14.6%，比上年低0.9个百分点，增速已连续三年净下降。在住户部门债务增速放缓的同时，住户部门债务结构也在不断优化。当前居民债务增长呈现“一快两缓”特征：**一是政策支持的个人普惠小微经营贷款增长较快，有力保障和改善民生。**疫情发生以来，宏观调控政策突出保市场主体特别是个体工商户和小微企业主，创新实施直达机制，稳经营、保就业。从增量看，2020年个人普惠小微贷款新增2.03万亿元，占住户部门新增债务的21.6%，占比较上年高6.2个百分点。**二是住房类贷款增速总体放缓。**2018年第一季度以来，受房地产调控政策影响，住房类贷款增速已得到控制，总体逐步放缓。2020年，个人住房贷款同比增长14.6%，比上年低2.1个百分点。**三是受疫情影响，消费贷款增长明显放缓。**疫情对居民收入和生活消费行为产生明显冲击。2020年，我国最终消费拖累GDP增长0.5个百分点，是自建立GDP核算以来首次出现最终消费负增长现象。在此背景下，2020年居民消费类债务同比增长8.8%，比上年同期下降7.6个百分点。

专题二　跨境资本流动对金融稳定的影响

近十几年来，为应对国际金融危机、欧债危机、新冠肺炎疫情冲击，以美国、欧盟为代表的经济体先后实行大规模量化宽松，跨境资本流动不断呈现出新趋势、新特点。跨境资本流动在带来收益的同时也伴随着风险，尤其短期跨境资本具有逐利性、易超调和顺周期性等特点，短期资本大进大出、快进快出容易引发跨境风险甚至演变成金融危机。为此，国际货币基金组织（IMF）倡导建立“综合政策框架”，以应对跨境资本流动风险。2017年，我国在实践探索中提出了跨境资本流动“宏观审慎+微观监管”两位一体管理框架，有效维护外汇市场稳定，促进跨境资金双向均衡流动。未来应不断完善跨境资本流动宏观审慎管理和微观监管，更好地服务实体经济高质量发展，提升防范跨境资本流动风险和维护国家经济金融安全的能力。

一、跨境资本流动的发展趋势

2005年以来，全球跨境资本流动总体呈现出国际金融危机前规模逐年攀升、危机后在大幅缩量基础上反复波动的特点（见图1-14）。2008年国际金融危机前，全球资本流动呈现阶梯状上升的态势，并在2007年达到历史高点，资本流动规模达24.4万亿美元，占全球GDP的比重为42%。危机后，全球资本流动规模急剧萎缩，2009年仅为3万亿美元，占全球GDP比重锐减至5%，2010年后出现反弹并在一定水平上反复波动。2018年受部分国家贸易保护主义影响，全球资本流动规模再次大幅缩减至不到2007年高点的三分之一，仅占全球GDP的7.9%，2019年略有回升。新冠肺炎疫情暴发后，全球避险情绪高涨导致跨境资本从新兴市场迅速大幅流出，但2020年下半年开始，新兴市场资金流入开始缓慢复苏。

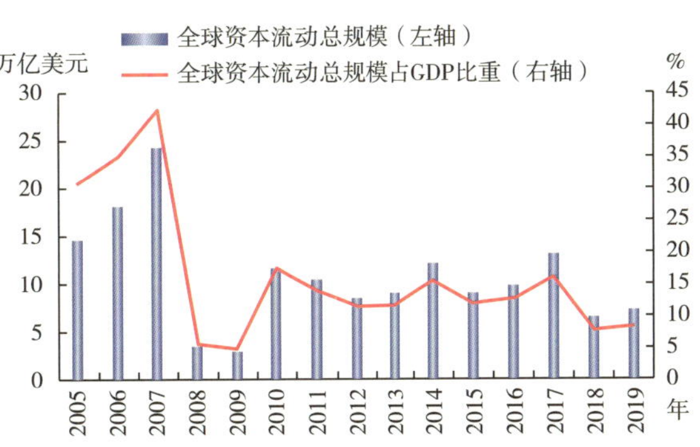

图1-14　2005—2019年全球资本流动变化趋势

（数据来源：IMF，International Financial Statistics）

受全球资本流动格局变化的影响，我国跨境资本流动呈现出阶段性特征。2000年至2014年上半年，我国经常账户和非储备性质金融账户基本呈现双顺差，外汇储备规模快速上升，资金大规模流入。国际金融危机前，直接投资项下资金净流入规模较大；国际金融危机后，证券投资、外债等其他投资项下资金净流入占比开始提升。2014年下半年至2016年，我国经常账户呈现顺差，非储备性质金融账户出现逆差，外汇储备有所下降。2017—2019年，我国跨境资本流动总体保持平稳态势，我国在吸引外资和对外投资方面保持稳步发展，但同时也受到中美贸易摩擦、美联储货币政策变化等多方面因素影响。

2020年以来，在国内经济基本面持续向好、金融市场双向开放的推动下，我国跨境资本双向流动更加活跃，总体保持平稳运行。2020年，我国经常账户顺差2740亿美元，资本和金融账户逆差1058亿美元，年末外汇储备余额3.22万亿美元，应对外部冲击能力较强。

二、跨境资本流动对金融稳定的影响

从研究和实践来看，跨境资本流动在适当的条件下可以带来一定的收益。一是可以平滑储蓄与投资，分散风险，促进全球资源有效配置。二是可以促进新技术和公司治理经验的转移，促进竞争并提高全球生产率。三是有助于增加资本流入方资本市场的深度和流动性，丰富银行体系资金来源，促进金融发展。四是有助于激励资本流入方建立更加完备的宏观政策框架和法律制度，改善营商环境。

跨境资本流动带来收益的同时也伴随着风险。历次危机表明，在缺乏完善的金融监管的情况下，跨境资本大幅流入会刺激金融机构过度承担风险，加剧金融体系脆弱性，放大宏观经济波动，当资本突然大幅流出时导致风险集中爆发。即使是长期开放且拥有高度发达金融市场的国家，大规模且波动性较大的跨境资本流动也会给其带来风险。IMF等相关研究表明，跨境资本流动的风险传导大致可以分为信贷膨胀、资产价格、未对冲外币借款、银行非核心融资、关联性五类渠道，各类渠道之间通过反馈效应相互强化。

信贷膨胀渠道：资本大幅流入往往带来资本流入国短期信贷繁荣，提高信贷抵押品价值，放大市场主体的借款能力和贷款规模，从而进一步造成国内信贷投放的扩张。当信贷扩张超过合理范围时，将导致宏观杠杆率过高，增加经济金融体系的脆弱性。

资产价格渠道：资本流入激增通常会对汇率和资产价格产生上行压力，诱发资产泡沫。资本流向的突然逆转可能会导致泡沫破裂，资产价格急剧下跌，降低借款人的资产净值和借款能力，削弱企业、居民和金融机构的资产负债表。为修复资产负债表，上述主体可能被迫出售资产并减少投资，这将影响国内生产活动并进一步削弱资产估值，严重时可能导致资产抛售，引发系统性风险。

未对冲外币借款渠道：在资本流入、国内利率明显高于全球利率、本币有望升值的情况下，企业和居民的外币借款往往会增加。一旦资本流动逆转，本币大幅贬值可能导致未对冲外币债务人无法偿还外币借款而违约，给金融机构带来风险，损害金融体系稳健性。

银行非核心融资渠道：在外部融资条件较为宽松，资本大幅流入的情况下，国内银行可以通过跨境银行间借款或外币债券等非核心负债来筹措资金，降低融资成本。这一行为可能加剧期限错配和货币错配，当外部融资条件恶化时，银行债务可能出现展期风险，甚至导致批发性融资挤兑。

关联性渠道：即使跨境资本净流动未显著失衡，跨境资本流动也会通过加深全球金融体系关联性而推高系统性风险，尤其是当高度关联的大型金融机构陷入困境或无序清算时，可能造成范围更广的金融不稳定。

三、IMF关于跨境资本流动管理的政策框架

为有效利用跨境资本流动带来的收益，合理应对大规模、波动剧烈的跨境资本流动带来的挑战，2011年，二十国集团戛纳峰会发布《二十国集团基于国家经验得出的资本流动管理一致性结论》。在此基础上，2012年起，IMF发布了《资本流动开放与管理：机构观点》等一系列指导性文件，构建了针对跨境资本流动问题相对清晰且一致的政策框架。

IMF认为理想的跨境资本流动管理政策取决于不同冲击的性质和各国国情，倡导建立“综合政策框架”来应对跨境资本流动风险，主要包括结构性政策、宏观经济政策、宏观审慎管理措施（MPMs）和资本流动管理措施（CFMs）（见表1-1）。其中，结构性政策旨在提高经济潜在生产力；宏观经济政策并不直接作用于跨境金融活动，但可以通过汇率、利率等渠道影响跨境资本流动；宏观审慎管理措施主要着眼于应对系统性风险，强调逆周期、跨部门管理，其实施可能影响跨境资本流动，但并不以控制跨境资本流动为目的；资本流动管理措施旨在直接影响资本流动的总量或构成，既包括区分居民与非居民的限制性措施，也包括不区分居民与非居民的限制性措施，后者主要包括基于交易币种的措施和非金融领域的其他措施（如投资税）。

表1-1　　IMF跨境资本流动管理的四类政策

政策类别	结构性政策	宏观经济政策	宏观审慎管理措施	资本流动管理措施
工具性质	长期	中短期	中短期	中短期
实施目标	提高经济发展潜力	实现宏观政策目标	防范系统性风险	直接管理资本流动
实施环境	各国根据自身发展需要选择性地持续推进	跨境资本流动引起宏观经济风险时优先使用	跨境资本流动引起金融稳定风险时优先使用	宏观经济政策和宏观审慎政策调整空间有限，或者存在一定时滞时，可作为一揽子政策的一部分
具体工具	产业政策等	货币政策、财政政策、汇率政策、储备政策等	广泛适用性工具、分部门工具、流动性工具、结构性工具等	税收、限制、禁止、调整持有期、强制结汇/汇回等

IMF认为许多宏观审慎政策工具有助于应对跨境资本流动风险。一是广泛适用性工具，如逆周期资本缓冲、杠杆率要求、宏观审慎压力测试；二是分部门工具，如贷款价值比、债务收入比、分部门资本要求；三是流动性工具，如流动性覆盖率和净稳定资金比率要求、对外汇存款实施更高的准备金要求等；四是结构性工具，如银行间风险敞口上限等。IMF没有明确列举宏观审慎管理措施的具体形式，认为评估一项措施是否为宏观审慎管理措施取决于该措施是否用于降低系统性风险。

使用跨境资本流动管理政策应遵循合理次序和原则：一是从长期看，持续推进结构性改革是提高经济发展潜力和抵御外部冲击的根本举措；从短期看，应对跨境资本周期性波动需要配合使用宏观经济政策、宏观审慎管理措施等工具。二是当跨境资本流动主要引起的是宏观经济风险时，应优先使用宏观经济政策；若主要引起的是金融稳定风险，应优先使用宏观审慎管理措施。三是当宏观经济政策和宏观审慎管理措施无法对冲资本流动引致的经济金融风险时，可以启用资本流动管理措施。特定条件下（如汇率和外汇储备接近均衡水平，货币政策和财政政策操作空间有限，或宏观审慎管理措施无法有效应对系统性金融风险），运用资本流动管理措施可以防止跨境资本流动风险进一步蔓延，为其他政策赢得宝贵时间。同时，IMF强调资本流动管理措施不应取代传统的宏观经济政策，其使用要遵循透明性、针对性、临时性和非歧视性原则。

四、政策建议

在总结近年来应对跨境资本流动冲击经验的基础上，我国金融管理部门于2017年提出了外汇市场“宏观审慎+微观监管”两位一体管理框架，明确打开的窗户不会再关上，引入以宏观审慎为核心的跨境资本流动管理工具，推进转变外汇市场微观监管方式。下一步，将立足我国实际，尊重国际惯例，不断完善我国跨境资本流动管理框架，促进外汇市场平稳运行，维护金融稳定和国家经济金融安全。

建立健全跨境资本流动宏观审慎政策框架。一是丰富对银行等各类交易主体全覆盖的宏观审慎管理政策工具箱。强化对外汇领域重点机构的监管，防范化解跨境资本流动带来的系统性风险。二是加强跨境资本流动监测、预警和评估，构建前瞻性的监测预警指标体系。三是研究开展跨境资本流动宏观审慎压力测试。

不断完善外汇市场微观监管。从重事前审批转向强调事中事后监管，加强外汇批发和零售市场的行为监管。树立“风险为本”的监管理念，完善微观审慎监管指标体系，高度关注货币错配、期限错配等风险，定期组织现场检查。充分发挥跨部门监管合力，加强本外币一体化监管，优化金融管理部门之间的信息共享机制。

进一步推动金融改革开放。一是加快深化国内金融供给侧结构性改革。以国内大循环为主体，提升金融服务实体经济能力，提高金融资源配置效率，为我国跨境资本平稳有序流动提供有力支撑。二是持续推进金融双向开放。稳步推进人民币资本项目可兑换，完善人民币跨境使用的政策框架和基础设施，提高人民币在跨境贸易和投资使用中的便利化程度。稳步深化人民币汇率市场化改革，保持人民币汇率弹性，发挥汇率调节宏观经济和国际收支自动稳定器作用。

加强跨境资本流动管理的国际合作。加强与IMF、经济合作与发展组织、境外货币当局等机构的信息沟通和监管协调，加强政策互信和货币政策合作，促进全球资本有序流动，维护全球金融稳定。

专题三　规范发展第三支柱养老保险

20世纪90年代以来，我国逐步探索建立了以第一支柱基本养老保险为主体、第二支柱职业养老和第三支柱个人养老为补充的多层次、多支柱养老保险体系。其中，第一支柱基本养老保险制度已经比较健全，第二支柱逐步发展完善但人口覆盖相对有限，第三支柱还处于起步阶段。当前，随着我国人口老龄化程度的加深以及经济社会发展水平的提高，三支柱发展不均衡的现状越来越难以适应可持续发展的需要，亟须进一步采取措施，规范发展第三支柱养老保险。

一、发展第三支柱养老保险的国际经验

从国际实践看，随着全球逐渐进入老龄化社会，许多经济体纷纷建立了多层次、多支柱的养老保险体系。各国第三支柱养老保险的实际运行有所差异，但主流的政策框架和做法包括以下几个方面。

一是提供财税优惠支持。国际成功经验表明，税收优惠对发展第三支柱养老保险能够起到有效的激励作用，通过税收减免和抵扣，可以提高个人参与的积极性，引导长期投资。典型做法包括延迟纳税（EET）和只对缴费征税（TEE）两种模式。其中，EET是主流模式，即在缴费阶段、投资阶段免税，在领取阶段征税。TEE模式则是在缴费阶段征税，在投资阶段、领取阶段免税。美国、英国等经济体在养老金领域的税收政策均助推了第三支柱发展。如美国根据不同类型的个人退休账户（IRA）采取了不同的税收激励措施，其中覆盖面最广的是传统IRA和罗斯IRA，占主流的传统IRA采取EET模式，罗斯IRA采取TEE模式。英国根据个人养老金计划是否在英国税务局登记注册分为EET和TEE模式，实际运行中EET模式较为普遍。

二是实施个人账户制。第三支柱养老保险可采取两种模式：一种是产品制，即税收优惠与特定金融产品挂钩，个人购买该产品的额度享受税收优惠；另一种是账户制，即设立专门的个人养老金账户，进入该账户的缴费可享受税收优惠。从国际经验看，账户制在税收优惠公平性和操作便利性方面具有优势，成为了主流模式。一方面，账户制的缴费、投资和待遇领取都是基于个人账户，在账户内形成资金和信息的闭环，税收优惠直接给予个人。另一方面，账户制下的个人养老金具有独立性和灵活性，可以随个人工作变动携带和转移，便于与第二支柱做好衔接。

三是个人自愿参加。与第一支柱基本养

老保险的强制性不同，绝大部分国家对于个人养老金采用自愿参加的方式。个人拥有比较充分的自主权，主要体现在个人自主决定是否参加以及参与程度（缴费额度）、自主选择管理机构或产品以及自主决定待遇的领取方式等方面。

四是可投资范围广泛。从国际实践来看，第三支柱养老金可投资保险公司、基金公司、商业银行等提供的多类金融产品。比如美国的个人退休账户（IRA）计划允许参加者在全市场范围选择金融产品，包括银行理财、共同基金、商业保险、股票等。投资者根据个人风险偏好选择适合自身的养老金融产品，收益自享，风险自担。

五是在一定条件下允许提前领取。部分国家允许个人在一定条件下提前领取第三支柱养老金，主要情形包括达到一定年龄或一定养老金计划参与期限，遭遇残疾、身患绝症、失业等特殊困难等。在一定条件下允许提前领取养老金，可以减轻参加者特别是收入不稳定人员对于参加养老金计划的顾虑，同时通过相应的税收调节或者对提前领取收取一定费用等措施，可以促进其规范运作，引导长期积累。

二、我国第三支柱养老保险发展现状

长期以来，我国养老保险体系建设的重心在第一支柱，第二支柱、第三支柱探索起步较晚，多层次养老保险体系发展还很不均衡。在推动发展第三支柱的过程中，个人税收递延型商业养老保险（以下简称税延养老险）是一项重要尝试。2018年5月1日，我国在上海市、福建省（含厦门市）和苏州工业园区分别试点实施了税延养老险政策，对试点地区个人通过个人商业养老资金账户购买符合规定的商业养老保险产品的支出，允许在一定标准内税前扣除；计入个人商业养老保险资金账户的投资收益，暂不征收个人所得税；个人领取商业养老金时再征收个人所得税。截至2020年末，试点税延养老险业务累计实现保费收入4.3亿元，参保人数4.9万人，实际发展不及预期。从试点过程中各方面反映的情况看，以下几点值得关注和总结：

一是税收优惠的激励效果有限。首先，与欧美等发达经济体以所得税等直接税为主体的税制结构相比，我国以增值税等间接税为主，个人所得税占税收总额的比重较低，加上我国免征资本利得税，实施税收优惠的政策空间有限。其次，税收优惠力度较小，比如，对于税率在10%这一档的纳税群体，参加税延养老险每年最高仅可享受1200元的个税优惠。同时，我国纳税人群规模有限，收入未达到个税起征点的群体参加税延养老险事实上无法享受税收优惠。

二是手续相对烦琐，削弱了投保积极性。税收优惠型保险在具体操作时涉及投保人工作单位、社保部门、税务部门、保险机构等多个主体。在投保前，投保人需要到不同部门开具有关证明文件。在退税环节，我国目前采用的是单位代扣代缴的征税方式，程序较为烦琐，尤其对于未在职居民及自由职业者而言，退税难度较大，加之抵扣金额小，进一步削弱了个人投保的积极性。

此外，税延养老险涉及多个领域，影响因素多、产品设计和业务流程复杂，管理专业化要求高，加之试点阶段的政策限制，客观上导致了产品同质化现象，后续应研究根据消费者需求丰富产品供给。

三、规范发展第三支柱养老保险的建议

下一步，应结合2018年税延养老险试点工作的经验，推动建立以账户制为基础的个人养老金制度，账户封闭运行，用于缴费、归集投资收益、缴纳个人所得税等，参与人可在账户存续期内自主选择投资符合规定的金融产品。个人养老金原则上应于退休后领取，设计必要的提前领取制度。研究探索多种形式的激励政策，鼓励各类群体参与，引导长期积累。满足不同群体需求，有序扩大第三支柱投资的产品范围，将符合规定的银行理财、储蓄存款、商业养老保险、公募基金等金融产品都纳入第三支柱投资范围。允许银行、基金、保险等各类具备条件的金融机构发挥自身行业特点，为第三支柱提供合适的养老金融产品。同时，稳步推进商业养老金融改革发展，一方面，抓现有业务规范，正本清源，统一养老金融产品标准，清理名不符实的产品；另一方面，开展业务创新试点，发展真正具备养老功能的专业养老产品。

专题四 国际基准利率改革的进展和中国实践

长期以来，伦敦银行间同业拆借利率（LIBOR）是国际金融市场上运用最广的基准利率。近年来，受拆借市场萎缩以及多起报价操纵案影响，LIBOR的市场公信力被严重削弱，主要经济体和部分国际组织决定停止使用LIBOR并积极推进基准利率改革。人民银行借鉴国际共识与最佳实践，积极参与国际基准利率改革，稳妥有序推动相关改革工作。

一、国际基准利率改革背景

2008年国际金融危机期间，银行间无抵押拆借市场急剧萎缩，LIBOR走势与银行实际融资成本和市场流动性情况出现偏离，存在被操纵的嫌疑。经调查，多国监管机构发现报价行存在合谋操纵报价的行为。2012年6月，美国和英国的监管和司法部门认定巴克莱银行存在操纵和虚报的行为，后续多家金融机构受到牵连，接连受到处罚。

导致LIBOR操纵丑闻的原因主要包括：一是报价形成机制存在缺陷，未与实际交易挂钩，使LIBOR容易被操纵；二是金融机构通过操纵LIBOR报价，可从衍生品交易中获取巨额利润；三是相关金融监管缺失，纵容了银行操纵报价的行为。LIBOR操纵丑闻严重损害了市场和公众对LIBOR的信任，推动全球监管机构逐步开启国际基准利率改革。

为避免重蹈LIBOR报价操纵覆辙，在金融稳定理事会（FSB）的督促下，各国监管部门对LIBOR及与之类似的银行间报价利率（IBOR）进行了大刀阔斧的改革。但经过一系列改革后，LIBOR仍难获得市场广泛认可，英国金融行为监管局（FCA）决定自2021年底起，不再强制要求报价行进行报价，转而培育基于实际交易的基准利率。随后，其他使用LIBOR作为基准利率的美国、欧元区、日本、瑞士等主要发达经济体，也开始研究退出LIBOR和培育替代基准利率。

二、国际基准利率改革进展

（一）基本完成替代基准利率遴选

目前主要发达经济体已基本完成替代基准利率的遴选工作，墨西哥、巴西等新兴市场经济体也效仿英美等发达经济体研究推出新基准利率。这些经济体大都选择采用无风险基准利率（RFRs）作为IBOR类基准利率的替代。这些替代基准利率均基于实际交易生成，为确保交易基础稳固，仅选取隔夜单一期限，交易主体样本也较为广泛。替代基准利率多由中央银行直接负责监督管理，以增强其基准性和公信力。

表1-2　部分币种替代基准利率情况

币种	美元	英镑	欧元	瑞士法郎	日元
替代基准利率	SOFR	SONIA	ESTER	SARON	TONA
管理机构	纽约联邦储备银行	英格兰银行	欧洲中央银行	瑞士证券交易所	日本银行
是否有抵押品	是	否	否	是	否
是否为隔夜利率	是	是	是	是	是

主要发达经济体推进基准利率改革主要有两种模式。一种是采用RFRs完全替代IBOR类基准利率，如美国和英国；另一种则是在引入RFRs的同时，允许多个基准利率并存，如欧元区和日本。

（二）研究探索各期限利率构建方法

国际基准利率改革的一个重大挑战是构建各期限利率。替代IBOR的RFRs均为隔夜利率，但市场对其他期限的参考利率也有较大需求，需要研究以隔夜基准利率为基础构建各期限利率。美国替代基准利率委员会（ARRC）等基准利率改革机构研究提出了后顾法、前瞻法两种构建方法。后顾法是指以过去一段时间内已经实现的RFRs为基础，按照单利或复利滚动计算各期限利率的方法，实质上是RFRs历史数据的单利或复利值。前瞻法是指以RFRs的隔夜指数掉期（OIS）或期货等衍生品交易为基础计算各期限利率的方法，实质上体现的是对未来一段时间内RFRs均值的预期。

（三）积极推进基准利率转换

推动金融合约基准利率由IBOR转换为新的替代基准利率，是国际基准利率改革的另一个重大挑战。多个国际组织在各自领域积极推动国际基准利率转换有关工作。

一是国际掉期与衍生工具协会（ISDA）基本确定衍生品合约基准转换方案。经过多轮征求意见，ISDA明确了包含后备利率、溢价调整、触发事件、转换时点和适用范围等要素的具体方案。按新老划断原则，新签合约适用新添加的ISDA定义（2006版）修订文件；存量合约需补充签订2020版ISDA后备条款多边协议。

二是部分经济体拟定了现货新签合约转换方案。美国的现货基准转换进展较快，ARRC现已拟定新签订LIBOR浮息债、双边贷款、银团贷款、可调利率住房贷款、资产证券化产品等基准转换后备条款。但目前方案主要适用于新签合约，存量合约拟通过立法统一转换或推出合成LIBOR等方式进行转换。

三是国际会计准则理事会（IASB）修订会计准则。2020年8月，IASB发布《基准利率改革——第二阶段》，就基准利率改革导致的金融资产或金融负债合同现金流量确定基础发生变更、租赁变更以及套期会计应用等问题对现行相关准则进行了修订。

2021年3月5日，FCA发布公告，明确LIBOR退市有关安排（见表1-3）：

表1-3　各期限品种LIBOR停止报价或失去代表性时间

币种	期限	停止报价时间	失去代表性时间
美元	O/N，12M	2023年6月30日	
	1M，3M，6M		2023年6月30日
	1W，2M	2021年12月31日	
英镑	1M，3M，6M		2021年12月31日
	O/N，1W，2M，12M	2021年12月31日	
欧元	全部期限	2021年12月31日	
日元	1M，3M，6M		2021年12月31日
	O/N，1W，2M，12M	2021年12月31日	
瑞士法郎	全部期限	2021年12月31日	

三、中国的国际基准利率改革准备情况

随着经济全球化和对外开放步伐的不断加快，中国境内银行也有一定规模的外币风险敞口，其中部分参考LIBOR等基准利率定价。截至2020年末，15家主要银行于2021年末以后到期的LIBOR敞口约为4000亿美元。中国将借鉴国际共识与最佳实践，以较小成本、较高效率有序推进国际基准利率转换有关工作。

在人民银行的统筹指导下，市场利率定价自律机制于2019年9月成立国际基准利率改革工作组（以下简称LIBOR工作组），统筹研究推进国际基准利率改革的各项工作。LIBOR工作组定期召开会议，交流国际基准利率改革最新动态；起草涉及LIBOR的债券、衍生品、存贷款等产品基准利率转换方案；密切监测境内LIBOR风险敞口，评估LIBOR退出对境内银行的影响。总体上看，境内银行涉及LIBOR的存量业务规模不大，久期较短，集中度较高，LIBOR退出影响有限，风险可控。

2020年8月31日，人民银行发布《参与国际基准利率改革和健全中国基准利率体系》白皮书，全面介绍国际基准利率改革的有关内容和中国参与相关工作的进展和计划，梳理总结中国的基准利率体系建设情况，明确

进一步健全基准利率体系的总体思路。

2021年1月，财政部发布《企业会计准则解释第14号》，对基准利率改革可能导致金融资产或金融负债合同现金流量的确定基础发生变更或租赁变更等情形的会计处理作出了明确规范。

四、中国的国际基准利率改革转换路线图和时间表

按照借鉴国际共识与最佳实践的总体思路，中国将密切跟踪国际基准利率改革进展，同步推动新基准合约设计与运用、存量LIBOR合约基准利率转换，定期统计境内LIBOR敞口和转换进展，动态评估LIBOR退出的影响，稳妥有序推动国际基准利率转换有关工作。

（一）推进新基准利率设计与运用

一是研究新基准利率RFRs计算规则。人民银行组织LIBOR工作组，深入讨论期限利率算法、计息方法、利息支付方案等相关规则，并研究不同计算规则的具体应用方案及推荐适用场景。二是推动银行尽早启动新基准利率运用准备工作。按照“早规划、早安排、早落实”原则，积极推动境内银行在密切监测国际动态的同时，尽早启动系统改造、合同文本修订等工作。三是指导银行推出新基准利率相关产品。2020年4月，中国外汇交易中心暨全国银行间同业拆借中心推出新基准利率相关衍生产品，部分银行参与了挂钩担保隔夜融资利率（SOFR）等外币利率的货币掉期和外币利率互换交易，探索和拓展RFRs在相关金融产品中的运用。

（二）探索新签合约基准利率转换

一是研究形成新签合约备份条款，明确基准利率转换的触发事件、生效时点、替代基准利率、利差调整规则、计息规则等要素，并推动银行间市场交易商协会抓紧修订相关衍生品协议文本。二是择机发布新签合约基准利率转换方案，并引导金融机构参考备份条款制定适合本行的基准利率转换方案。三是通过多种形式进行政策解释和宣传教育，推动基准利率转换工作顺利开展。

（三）研究存量合约基准转换方案

一是密切关注国际存量合约基准转换动态，研究推出境内各类存量产品基准利率转换方案。二是根据境内国际基准利率改革进展，督促境内机构停止叙做LIBOR产品。三是待相关转换方案和配套措施完善后，督促金融机构尽快落实转换要求，与客户达成补充协议，实现存量合约基准转换。

第二部分

金融业稳健性评估

2020年，面对新冠肺炎疫情冲击以及复杂严峻的国内外经济金融形势，我国金融业总体稳健运行，金融机构资产负债规模平稳增长，资本充足水平稳中有升，盈利能力基本稳定，金融市场运行总体平稳。

一、银行业稳健性评估

资产负债规模平稳增长。截至2020年末，银行业金融机构资产总额319.74万亿元，同比增长10.25%，增速比上年上升2.14个百分点；负债总额293.11万亿元，同比增长10.39%，增速比上年上升2.70个百分点（见图2-1）。

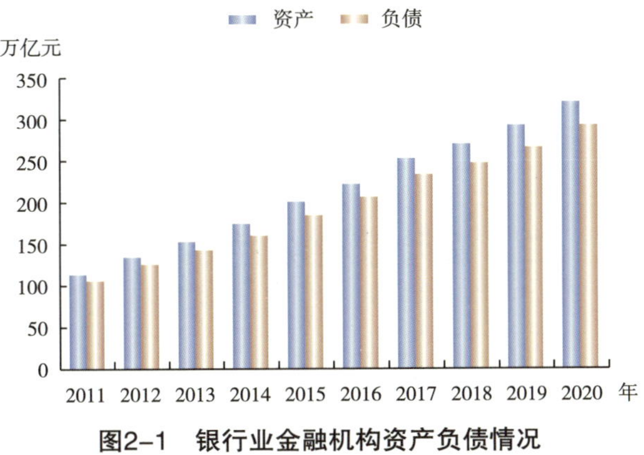

图2-1　银行业金融机构资产负债情况

（数据来源：中国银保监会）

存贷款增速继续保持平稳。截至2020年末，金融机构本外币各项存款余额218.37万亿元，同比增长10.20%，增速比上年上升1.63个百分点；金融机构本外币各项贷款余额178.4万亿元，同比增长12.48%，增速比上年上升0.61个百分点（见图2-2）。

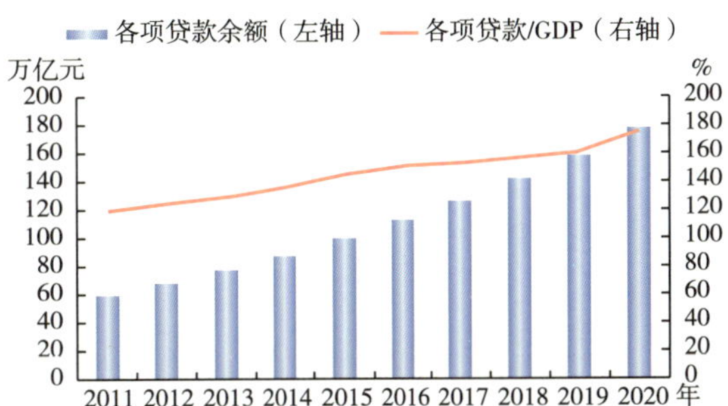

图2-2　银行业金融机构人民币信贷变化情况

（数据来源：中国人民银行、国家统计局）

利润有所下降，盈利能力基本稳定。2020年，银行业金融机构实现净利润2.26万亿元，同比下降5.85%，增速比上年下降10.45个百分点。银行业金融机构净息差1.98%，比上年下降0.09个百分点；非利息收入占比22.68%，同比下降1.55个百分点。截至2020年末，银行业金融机构资产利润率0.75%，同比下降0.11个百分点，资本利润率8.94%，同比下降1.45个百分点，盈利能力整体较上年有所下降。

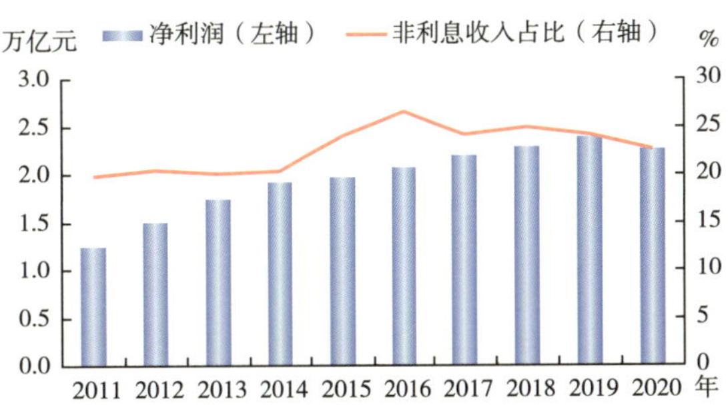

图2-3　银行业金融机构净利润和非利息收入占比变化趋势

（数据来源：中国银保监会）

资本水平总体保持稳定。截至2020年末，商业银行核心一级资本充足率为10.72%，同比下降0.23个百分点；一级资本充足率为12.04%，同比上升0.09个百分点；资本充足率为14.70%，同比上升0.06个百分点，资本较为充足（见图2-4）。

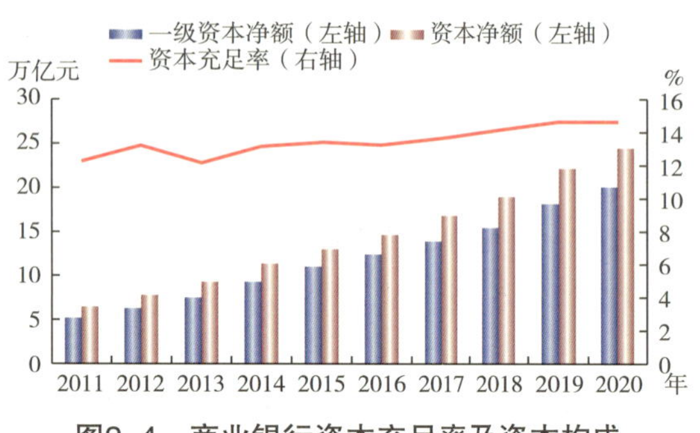

图2-4　商业银行资本充足率及资本构成

（数据来源：中国银保监会）

流动性整体保持在合理充裕区间。截至2020年末，商业银行流动性比例为58.41%，同比下降0.05个百分点；流动性缺口率为6.11%，同比上升2.04个百分点。资产规模在2000亿元以上的商业银行流动性覆盖率为146.63%，同比下降0.46个百分点；净稳定资金比例为122.17%，同比下降0.75个百分点。

不良贷款小幅增长，资产质量下迁压力较大。截至2020年末，银行业金融机构不良贷款余额3.47万亿元，同比增加2816亿元，不良贷款率1.92%，同比上升0.06个百分点。其中，商业银行不良贷款余额2.70万亿元，同比增加2880亿元；不良贷款率1.84%，同比上升0.02个百分点。银行业金融机构关注类贷款余额5.62万亿元，同比增加362亿元，增幅0.65%，资产质量下迁压力仍然较大（见图2-5）。此外，逾期90天以上贷款余额2.62万亿元，同比增加346亿元，增幅1.34%；逾期90天以上贷款余额与不良贷款余额比值76.38%，同比下降4.98个百分点，银行业金融机构对于不良贷款的认定更趋审慎。

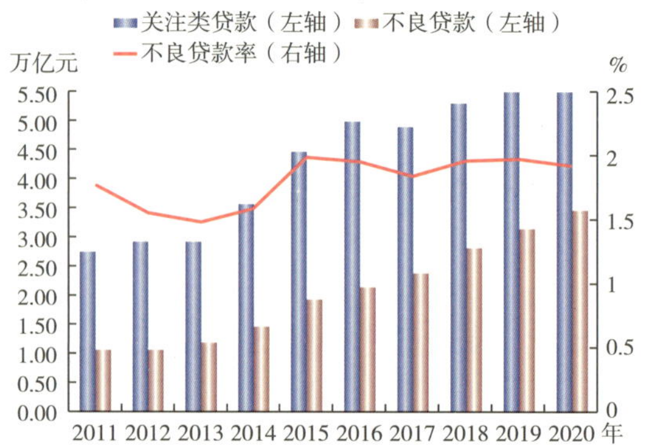

图2-5　银行业金融机构关注类贷款及不良贷款变化情况

（数据来源：中国银保监会）

银行业风险抵补能力较强。截至2020年末，银行业金融机构贷款损失准备余额6.33万亿元，同比增加4945亿元，增幅8.47%；拨备覆盖率182.23%，同比下降0.59个百分点；贷款拨备率3.49%，同比下降0.12个百分点。

二、保险业稳健性评估

保险业资产平稳增长，保险密度和保险深度上升。截至2020年末，保险业总资产23.30万亿元，同比增长13.29%，增速较上年上升1.11个百分点。其中，人身险公司总资产19.98万亿元，同比增长17.82%；财产险公司总资产2.34万亿元，同比增长2.11%；再保险公司总资产4956亿元，同比增长16.31%。保险密度和保险深度分别为 3206元和4.45%，较上年分别增加160元和0.15个百分点，与同期809美元和7.4%的世界水平相比，仍存在较大差距（见图2-6）。

图2-6　保险业总资产及增速

（数据来源：中国银保监会）

市场集中度略有下降。2020年，前五大人身险公司[①]保费市场份额为50.65%，比上年下降3.28个百分点；人身险赫芬达尔指数[②]为0.079，比上年略有下降。前五大财产险公司[③]保费市场份额为73.89%，比上年上升0.11个百分点；财产险赫芬达尔指数为0.1661，比上年略有下降。

资产配置基本稳定，资金运用收益率有所提高。截至2020年末，保险业资金运用余额21.68万亿元，同比增长17.02%，增速较2019年上升4.11个百分点。资产配置中，银行存款、股票和证券投资基金占比下降，债券、其他投资占比上升（见表2-1）。受股票市场走势向好等影响，保险业资金运用收益上升至10987亿元，同比增长24.51%；资金运用平均收益率5.41%，同比上升0.47个百分点，比近10年平均收益率5.14%略高（见图2-7）。

表2-1　　保险资金运用情况（截至2020年末）

投资结构	银行存款	债券	股票和证券投资基金	其他投资
规模（亿元）	25973	79329	29822	81677
占比（%）	11.98	36.59	13.76	37.67
同比变动（个百分点）	-1.64	2.03	0.61	-1.00

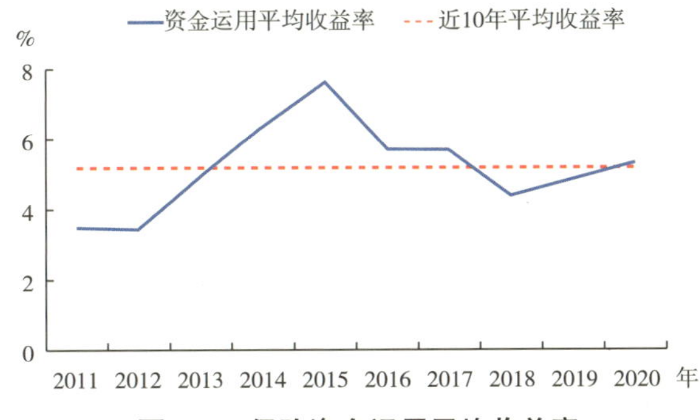

图2-7　保险资金运用平均收益率

（数据来源：中国银保监会）

人身险公司保费实现增长，保障需求进一步增多。2020年人身险公司保费收入31674亿元，同比增长6.90%，增速较上年下降5.92个百分点（见图2-8）。人身险公司全年退保率2.39%，较上年下降2.58个百分点。受疫情影响，保障需求增加，2020年健康险业务原保费收入7059亿元，同比增长13.38%，连续三年高于人身险行业原保费增速。

① 前五大人身险公司包括：中国人寿、平安寿险、太保寿险、新华人寿、华夏人寿。

② 赫芬达尔指数（HHI）是行业内所有机构市场份额的平方和。HHI的值越高，说明市场集中度越高。

③ 前五大财产险公司包括：人保财险、平安产险、太保产险、中国人寿财险、中华财险。

人身险公司税前利润、净利润持续增长。随着国内疫情好转，受益于投资收益上升、退保支出下降等因素，人身险公司2020年税前利润2772.10亿元，同比增长15.68%（见图2-8）；净利润2541.82亿元，同比增长4.64%。

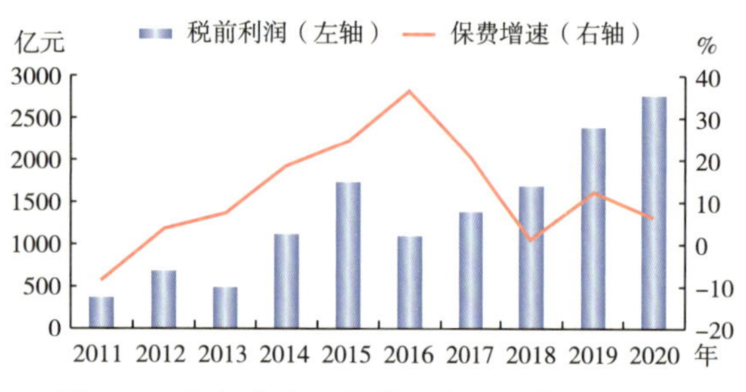

图2-8　人身险公司税前利润及保费增速情况

（数据来源：中国银保监会）

财产险公司保费小幅增长，非车险业务占比进一步提升。2020年，财产险公司保费收入1.36万亿元，同比增长4.36%，增幅较上年下降6.36个百分点。车险综合改革效果初显，车辆平均所缴保费明显下降，消费者获得感增强，全年车险业务保费仅增长0.69%，低于财产险总体增长率，占财产险总保费的比重降至60.70%，比上年下降2.21个百分点。随着非车险需求逐步释放及保险业加强培育新的增长点，非车险业务①占比连续五年增长。

财产险公司综合成本率上升，利润大幅减少。2020年，财产险公司综合成本率100.90%，比上年上升0.92个百分点，承保亏损。非车险综合成本率104.48%，承保亏损188.01亿元，其中，由于赔付支出大幅增长，保证险亏损较多。2020年财产险公司全年税前利润70.10亿元，同比大幅下降88.95%（见图2-9），净利润-51.52亿元。亏损主要是由于2020年天安财险计提资产减值损失648.60亿元，若剔除天安财险计提资产减值损失影响，财产险公司全年税前利润718.59亿元，同比增长13.22%。

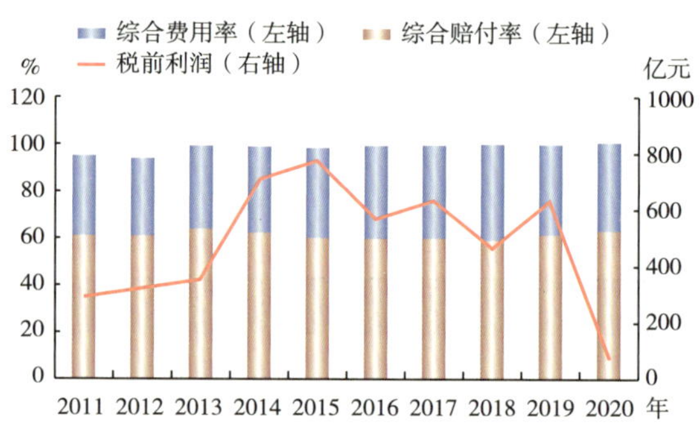

图2-9　财产险公司承保业绩及税前利润变化情况

（数据来源：中国银保监会）

偿付能力总体充足，公司治理水平有待进一步提高。截至2020年末，保险业综合偿付能力充足率和核心偿付能力充足率分别为246.3%和234.3%，远高于100%和50%的监管标准。从风险综合评级看，2020年第四季度低风险的A类公司和B类公司分别为100家和71家，偿付能力充足率不达标或偿付能力充足率虽然达标但风险较高的C类和D类公司均

① 非车险业务包括：企业财产险、家庭财产险、工程险、责任险、保证险、农业险、健康险、意外险等。

为3家。部分保险公司存在股东随意干预经营以及不当关联交易等公司治理问题。一些保险公司股权变更频繁，股权质押比例较高，高管变更频繁或长期缺位，对公司稳健经营造成很大影响。少数保险公司隐藏股东关联关系，股权代持、隐性股东等问题突出。

三、证券业稳健性评估

（一）证券公司盈利同比上升，股票质押融资风险降低，两融规模增长较快

截至2020年末，全国共有证券公司138家，较上年增加5家，其中上市证券公司39家，较上年增加4家。证券公司资产总额8.90万亿元，同比增长22.50%；净资产总额2.31万亿元，同比增长14.10%；净资本总额1.82万亿元，同比增长12.35%，连续两年实现正增长（见图2-10）。

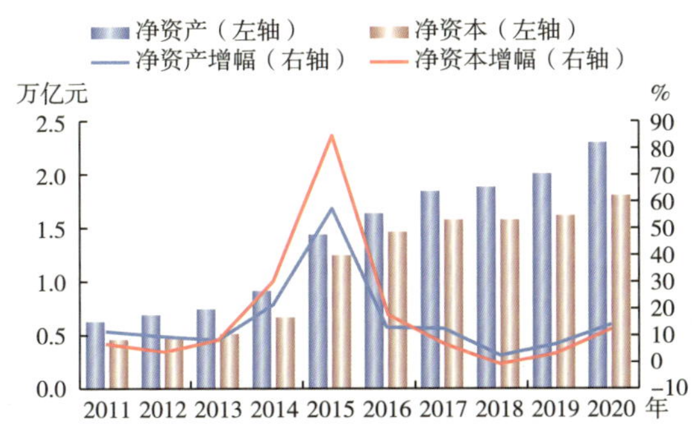

图2-10　2011—2020年证券公司净资产和净资本变化情况

（数据来源：中国证监会）

证券公司业绩保持增长。2020年全行业实现营业收入4484.79亿元，同比增长24.41%。其中，证券投资收益（含公允价值变动）1262.72亿元，同比增长3.37%；代理买卖证券业务净收入（含交易单元席位租赁）1161.10亿元，同比增长47.42%；代理销售金融产品净收入134.38亿元，同比增长148.76%；投资咨询业务净收入48.03亿元，同比增长26.93%；资产管理业务净收入299.60亿元，同比增长8.88%。全行业实现净利润1575.34亿元，同比增长27.98%。

股票质押融资风险显著降低。截至2020年末，A股上市公司股票质押规模4865亿股，较上年下降15.92%，连续两年呈现下降趋势（见图2-11）。2020年A股市场整体上行，股票质押融资风险进一步下降。

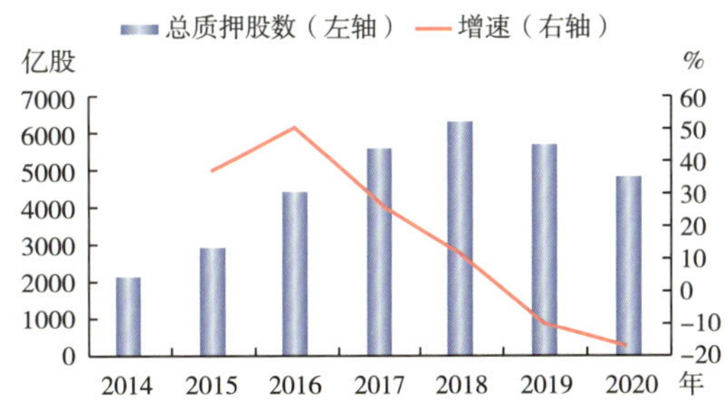

图2-11　上市公司股东股票质押规模和同比增速

（数据来源：中国证券登记结算有限公司）

融资融券余额增长较快。截至2020年末，A股融资融券余额16190.08亿元，同比增长59.77%，其中融资余额占91.54%，融券余额占8.46%（见图2-12）。融资余额占A股流通市值之比为2.34%，较上年末提高0.27个百

分点，总体在正常范围之内。

图2-12 沪深两市融资融券规模和同比增速

（数据来源：中国证券登记结算有限公司）

（二）基金公司管理规模持续增长，货币市场基金占比持续下降

截至2020年末，全国共有公募基金管理公司132家，较上年末新增4家。其中，中外合资公司44家、内资公司88家，共管理公募基金19.85万亿元，同比增长34.39%。分类型来看，封闭式基金占比12.90%，开放式基金占比87.10%。开放式基金中，股票型基金占公募基金管理总规模的比例为10.08%，混合型基金占比21.96%，债券型基金占比13.84%，货币市场基金占比40.56%，QDII基金占比0.65%。截至2020年底，在中国证券投资基金业协会登记的私募基金管理人24561家，管理私募基金96852只；管理规模15.97万亿元，同比增长16.3%。

货币市场基金规模持续下降。受股票市场上涨等因素影响，截至2020年末，货币市场基金资产净值80521亿元，占公募基金总规模的比例为40%，较上年下降8个百分点，占比连续两年下降（见图2-13）。

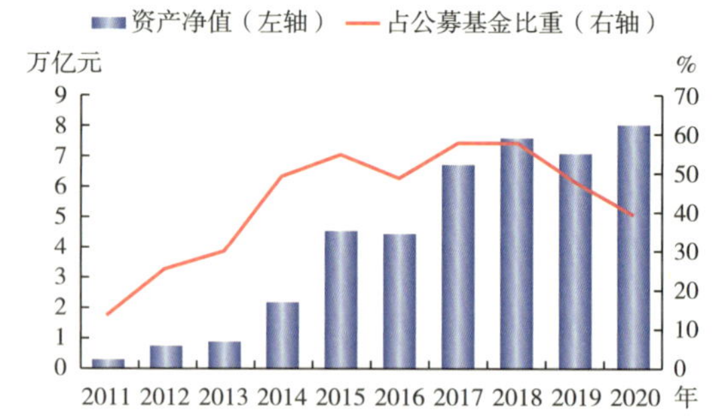

图2-13 2011—2020年货币市场基金资产净值和占公募基金比重

（数据来源：中国证监会）

（三）期货公司发展平稳，新品种上市步伐加快

截至2020年末，我国共有149家期货公司，下设88家风险管理子公司，行业总资产约9848亿元（含客户资产）。已上市期货、期权品种90个，其中商品期货62个、金融期货6个、商品期权18个、金融期权4个。2020年，我国期货市场上市新品种12个，包括液化石油气、低硫燃料油、短纤、国际铜等4个商品期货和菜籽粕、液化石油气、动力煤、聚丙烯（PP）、聚氯乙烯（PVC）、线型低密度聚乙烯（LLDPE）、铝、锌等8个商品期权。

（四）市值规模大幅增加，上市公司业绩加快分化

截至2020年末，沪、深两市共有上市公司4154家，较上年末增加377家。总市值和流通市值分别为79.65万亿元和64.31万亿元，同比上升34.33%和33.02%（见图2-14）。流通市值占总市值的比例为81.54%，同比下降0.80

个百分点。

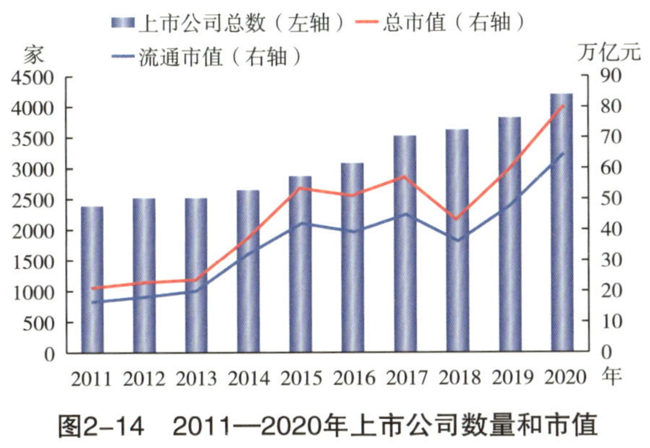

图2-14　2011—2020年上市公司数量和市值

（数据来源：中国证监会）

2020年上市公司业绩加快分化。截至2021年4月30日，共有4296家上市公司披露2020年年报，其中盈利3689家（占比85.87%），亏损607家（占比14.13%），首次亏损423家，连续亏损185家。已披露年报的上市公司实现营业总收入53.37万亿元，同比上升2.5%；实现净利润3.99万亿元，同比上升2.3%。

（五）资本市场改革开放深入推进，基础制度不断完善

在创业板试点注册制改革，完善上市公司退市机制。2020年8月24日，创业板改革并试点注册制落地实施，统筹完善各领域各环节基础制度，更好发挥市场对资源配置的决定性作用，全年共有63家企业在创业板以注册制完成上市。总结推广科创板、创业板退市制度，建立健全“有进有出、优胜劣汰”的常态化退市机制。2020年共有31家上市公司多元化退出，其中强制退市16家，创历史新高。

深化新三板改革，优化多层次资本市场之间的有机联系。2020年，深化新三板改革相关举措落地实施，精选层于2020年7月开市，全年共有42家新三板公司公开发行并挂牌精选层。新三板形成了“基础层、创新层、精选层”层层递进的市场结构，建立了不同市场层次差异化的制度安排，精选层示范引领作用有效发挥，创新层、基础层规范和培育功能进一步夯实，可以为处于不同发展阶段的中小企业提供全口径服务。转板上市制度的建立，打通了中小企业成长壮大的多元化市场通道，多层次资本市场之间的互联互通机制进一步完善。

对证券市场违法违规行为“零容忍”，畅通投资者司法救济渠道。2020年，新《证券法》实施后，证监会进一步加大证券违法重大案件查处力度，依法从严从快从重打击欺诈发行、财务造假、恶性操纵市场及内幕交易等违法行为，切实提高违法成本。全年向公安机关移送及通报案件线索116件，同比增长103%，作出行政处罚344件，同比增长16.2%。《关于证券纠纷代表人诉讼若干问题的规定》顺利出台，进一步完善了证券集体诉讼制度，有利于强化证券违法民事赔偿责任、降低投资者的维权成本、有效惩治资本市场违法违规行为，保护投资者合法权益。

加大资本市场双向开放力度，提高对外开放水平。在支持企业境外上市融资的同时，吸引境外优质创新企业在境内上市，发

行股票、存托凭证（CDR）和债券，进一步推动资本市场双向开放。提前取消证券公司、基金管理公司和期货公司外资持股比例限制，截至2020年底，8家外资控股证券公司、1家外商独资基金公司和1家外资全资期货公司已顺利落地。将合格境外机构投资者（QFII）、人民币合格境外机构投资者（RQFII）资格和制度规则合二为一，降低外资投资境内资本市场的准入门槛，扩大投资范围。借鉴国际市场规则，完善债券市场交易和结算机制，为境外投资者提供更加友好、便捷的投资环境。2020年，外资总体持续流入我国资本市场，外资通过沪深港通渠道净买入2089亿元。

查处逃废债等违法违规行为，维护债券市场稳定。2020年第四季度，华晨集团、永煤集团等个别企业发生债券违约事件，投资者怀疑其存在逃废债等违法违规行为，引发债券市场波动。按照债券市场统一执法机制，人民银行、证监会及有关部门第一时间对发行人及有关中介机构开展调查并进行处罚，切实严肃市场纪律，维护市场秩序。同时，敦促相关省份落实属地责任，坚持以市场化、法治化原则处置违约风险事件，维护区域金融稳定。

四、金融市场稳健性评估

中国金融市场总体运行平稳。2020年，股票市场、货币市场压力水平较上年下降，债券市场压力水平有所上升，外汇市场压力水平平稳。金融市场压力指数整体处于温和偏低水平（见图2-15）。

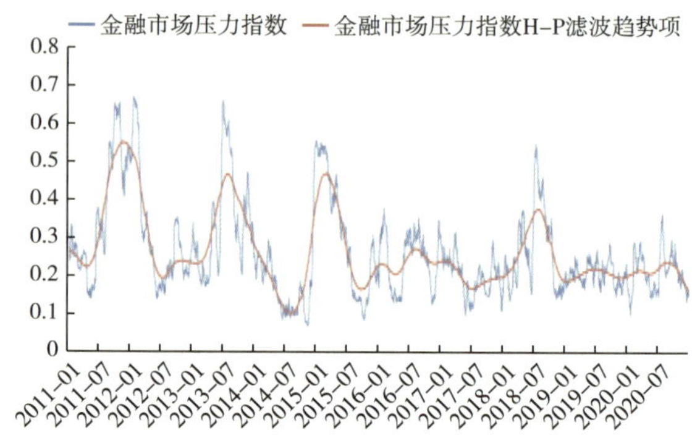

图2-15　2011—2020年金融市场压力指数

（数据来源：中国人民银行）

股票市场上涨，市场压力有所下降。2020年，上证指数上涨13.87%，深证成指上涨38.73%，股票质押融资风险下降，市场波动风险、估值风险有所上升。总体来看，全年A股市场压力水平较低（见图2-16）。截至2020年末，上证综指、深证成指、创业板指和科创板50指数静态市盈率分别为16.76倍、34.14倍、77.25倍和100.93倍。

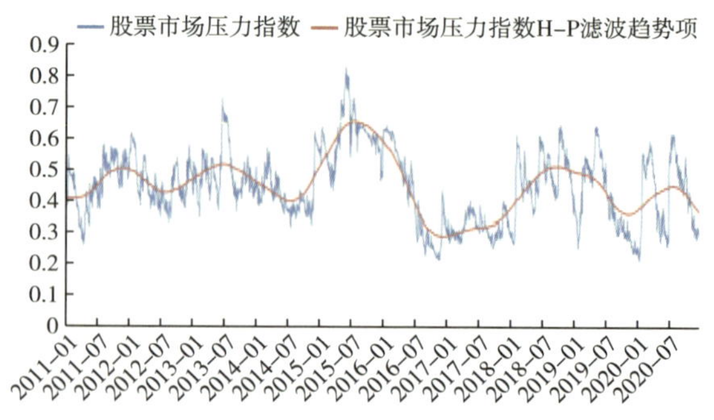

图2-16　2011—2020年股票市场压力指数

（数据来源：中国人民银行）

货币市场利率下行，市场压力较上年

有所下降。2020年，货币市场流动性合理充裕，利率水平下行，压力水平相比上年有所下降（见图2-17）。2020年12月31日，存款类机构隔夜质押式回购加权平均利率较上年末下行85个基点至1.45%；7天质押式回购加权平均利率较上年末下行48个基点至2.59%。上海银行间同业拆放利率（Shibor）总体下行，其中，隔夜Shibor较上年末下行60个基点至1.09%，7天Shibor下行36个基点至2.38%，3个月Shibor下行26个基点至2.76%。

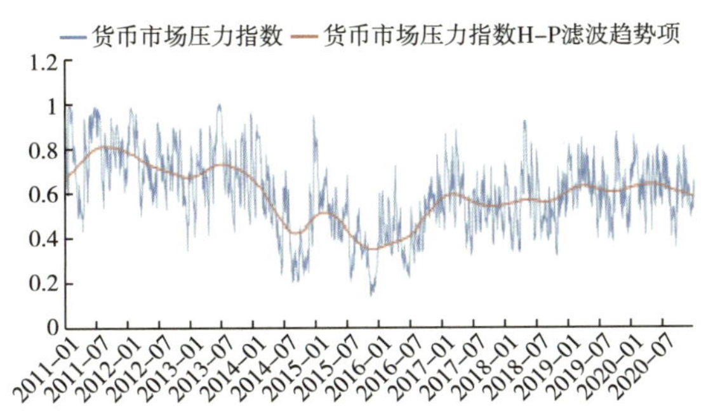

图2-17　2011—2020年货币市场压力指数

（数据来源：中国人民银行）

债券市场信用风险上升，市场压力有所加大。2020年，债券市场压力总体有所上升（见图2-18），债券市场压力指数三个构成要素中，机构投资者悲观预期下半年小幅抬升，信用风险第四季度以来上行较快，波动风险较上年小幅上行。具体看，1年期和10年期国债期限利差日均为76.29个基点，较上年平均水平上升15.13个基点，期限利差有所扩大。1年期和5年期AA级中期票据与同期限国债的日均利差分别为95个和151个基点，较上年分别下降4个和24个基点，信用风险溢价全年略收窄。

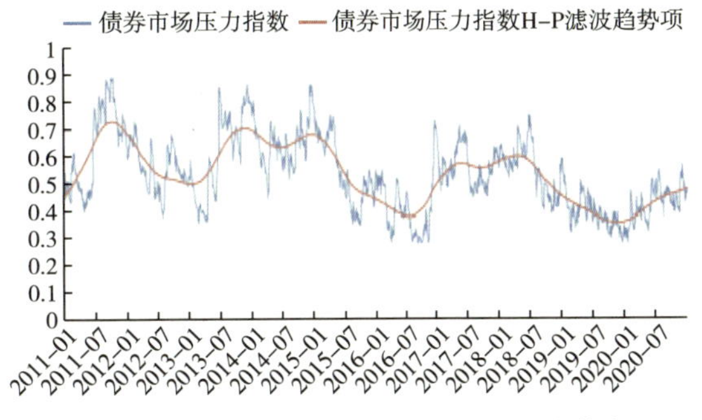

图2-18　2011—2020年债券市场压力指数

（数据来源：中国人民银行）

人民币对美元汇率升值，外汇市场压力总体平稳。2020年，人民币对美元升值，人民币对一篮子货币保持基本稳定，双向浮动加大，外汇市场压力指数整体平稳（见图2-19）。截至2020年末，人民币对美元汇率在岸市场收盘价报1美元兑6.5398元人民币，较上年末升值4264个基点，升值幅度6.52%；人民币对美元汇率离岸市场收盘价报1美元兑6.5030元人民币，较上年末升值4587个基点，升值幅度7.05%。

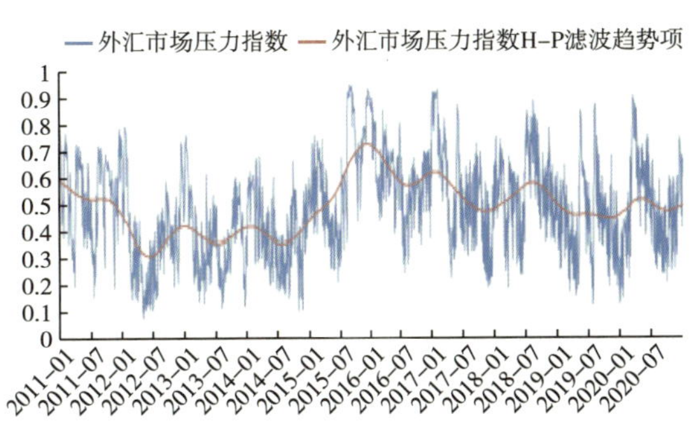

图2-19　2011—2020年外汇市场压力指数

（数据来源：中国人民银行）

专题五　银行业压力测试

为进一步发挥压力测试在风险监测和评估方面的重要作用，2021年，人民银行对4015家银行机构开展压力测试，充分评估银行体系在多种“重度但可能”不利冲击下的稳健性状况。

一、压力测试基本情况

参试银行。本次压力测试是对银行体系的全面“体检”，参试银行共4015家，包括6家大型国有商业银行、12家股份制商业银行、133家城市商业银行、1533家农村商业银行、611家农村信用社、27家农村合作银行、1631家村镇银行、19家民营银行、42家外资法人银行和1家直销银行。

测试方法。测试包括偿付能力宏观情景压力测试、偿付能力敏感性压力测试、流动性风险压力测试和传染性风险压力测试。偿付能力宏观情景压力测试仅对资产规模8000亿元以上的30家大中型商业银行开展，包含信用风险和市场风险，结合压力情景考察宏观经济不利冲击对30家银行2021年末、2022年末、2023年末资本充足水平的影响，人民银行根据30家银行的数据，构建宏观经济与银行信贷资产质量的传导模型，测算压力情景下信用减值损失、净利息收入损益、债券估值损益和外汇敞口损益等，进而评估对资本充足水平的影响。偿付能力敏感性压力测试考察整体及重点领域风险状况恶化对全部参试银行资本充足水平的瞬时不利影响。流动性风险压力测试考察政策因素、宏观经济因素、突发因素等多种流动性风险压力因素对全部参试银行各到期期限的现金流缺口的影响。传染性压力测试仅对资产规模在3000亿元以上60家银行开展，考察银行之间以及银行与非银行金融机构之间的风险传染效应。

压力情景[①]。偿付能力宏观情景压力测试设置轻度、中度和重度三个压力情景，宏观情景指标包含国内生产总值（GDP）同比增速（见表2-2）、居民消费价格指数（CPI）涨幅、短期及长期市场利率、社会消费品零售总额同比增速、工业增加值同比增速、固定资产投资完成额同比增速和人民币对美元汇率等。偿付能力敏感性压力测试以整体信贷资产和重点领域的不良贷款率、不良资产

① 压力情景根据宏观经济计量模型设定，不代表人民银行对宏观经济的判断。

率、损失率、收益率曲线变动等作为压力指标（见表2-3）。流动性风险压力测试设置轻度和重度压力情景，对不同到期期限的表内资产负债及或有融资义务设置不同的流入率或流失率，计算不同期限下的净现金流缺口。传染性风险压力测试设置三个压力情景，考察参试银行发生信用违约并撤回同业融出资金时可能对其他参试银行造成的风险溢出效应（见表2-4）。

基本假设。偿付能力压力测试假设银行的资产负债结构保持不变、拨备覆盖率满足100%、所得税率25%，当净利润为正且各级资本充足率满足监管要求时按30%分红，测试期间不考虑宏观政策支持、不良贷款处置以及外源资本补充。流动性压力测试假设银行持续经营，即银行不会损害与其重要客户的关系、不会产生重大的业务中断。传染性风险压力测试假设某参试银行对其同业交易对手违约并撤回同业融出资金。若其他参试银行在此过程中因同业资金损失而未能通过压力测试，则该银行继续违约并撤回资金，直至没有银行继续违约，本轮传染过程结束。其余参试银行分别重复上述过程。

通过标准。对于偿付能力宏观情景压力测试，若参试银行受冲击后的核心一级资本充足率、一级资本充足率和资本充足率任何一项低于7.5%、8.5%和10.5%的监管要求（包含2.5%的储备资本要求），则未通过压力测试。对于偿付能力敏感性压力测试，若参试银行受冲击后的资本充足率低于10.5%，则未通过压力测试。对于流动性风险压力测试，当压力情景下参试银行出现现金流缺口（现金流出超过现金流入）时，银行应采取措施，将合格优质流动性资产变现或质押给央行获得流动性，以弥补缺口，若全部可动用的合格优质流动性资产均已耗尽仍无法弥补缺口，则未通过压力测试。对于传染性风险压力测试，若参试银行受冲击后的核心一级资本充足率低于5%（不包含2.5%的储备资本要求），则未通过压力测试。

表2-2　　偿付能力宏观情景压力测试中GDP同比增速

年份	轻度情景	中度情景	重度情景
2021	7.28%	6.07%	5.12%
2022	4.78%	3.67%	2.80%
2023	4.08%	2.95%	2.08%

注：其他宏观指标依据宏观经济计量模型设定。

表2-3　　偿付能力敏感性压力测试情景

测试内容	压力情景
整体信贷资产风险	•冲击1：整体不良贷款率上升100%[1] •冲击2：整体不良贷款率上升200% •冲击3：整体不良贷款率上升400% •冲击4：50%的关注类贷款转移至不良贷款 •冲击5：100%的关注类贷款转移至不良贷款

续表

测试内容	压力情景
房地产贷款风险	•冲击1：房地产开发贷款[2]和购房贷款[3]不良率均增加5个百分点[4] •冲击2：房地产开发贷款和购房贷款不良率分别增加10个和7个百分点 •冲击3：房地产开发贷款和购房贷款不良率分别增加15个和10个百分点
中小微企业及个人经营性贷款风险[5]	•冲击1：中小微企业及个人经营性不良贷款率上升100% •冲击2：中小微企业及个人经营性不良贷款率上升200% •冲击3：中小微企业及个人经营性不良贷款率上升400%
地方政府债务[6]风险	•冲击1：不良资产率增加5个百分点 •冲击2：不良资产率增加10个百分点 •冲击3：不良资产率增加15个百分点
客户集中度风险	•冲击1：最大1家非同业集团客户违约，违约损失率60% •冲击2：最大3家非同业集团客户违约，违约损失率60% •冲击3：最大5家非同业集团客户违约，违约损失率60%
同业交易对手违约风险	•冲击1：最大1家同业交易对手违约，违约损失率60% •冲击2：最大3家同业交易对手违约，违约损失率60% •冲击3：最大5家同业交易对手违约，违约损失率60%
投资损失风险	•冲击1：国债、政策性金融债（含国开债）收益率曲线上移250个基点 •冲击2：商业性金融债、同业存单收益率曲线上移400个基点 •冲击3：非金融企业债收益率曲线上移400个基点 •冲击4：SPV投资账面余额损失10% •冲击5：上述4种冲击同时发生
债券违约风险	•冲击1：账面价值最大的1只债券发生违约 •冲击2：账面价值最大的3只债券发生违约 •冲击3：账面价值最大的5只债券发生违约 •冲击4：账面价值最大的10只债券发生违约
理财回表资产[7]信用风险	•冲击1：计划以回表形式处置的理财存量资产中的10%发生损失 •冲击2：计划以回表形式处置的理财存量资产中的20%发生损失 •冲击3：计划以回表形式处置的理财存量资产中的30%发生损失

注：

1. 假设初始不良贷款率为X%，则上升n%后不良贷款率为X%（1+n%）。

2. 房地产开发贷款包括地产开发贷款和房产开发贷款，地产开发贷款涵盖政府土地储备机构贷款，房产开发贷款包括住房开发贷款、商业用房开发贷款和其他房产开发贷款，其中住房开发贷款涵盖保障性住房开发贷款。

3. 购房贷款包括企业购房贷款、机关团体购房贷款和个人购房贷款，企业购房贷款包括企业商业用房贷款和经营性物业贷款，个人购房贷款包括个人商业用房贷款和个人住房贷款。

4. 假设初始不良贷款率为X%，则增加n个百分点后不良贷款率为（X+n）%。

5. 中小微企业划分标准参照《关于印发中小企业划型标准规定的通知》（工信部联企业〔2011〕300号）中的规定。

6. 地方政府债务的风险敞口包含投资地方政府债券，投向政府投资类项目的贷款，通过理财产品、信托投资计划等特定目的载体对地方政府的资金融出以及其他以地方政府财政性资金为还款来源的资金融出。

7. 理财回表资产指截至2020年末，尚未处置的理财存量资产中，计划在2021年内以回表的方式进行处置的资产。

表2-4　　传染性风险压力测试情景

情景1	假设参试银行分别发生信用违约，考察其可能产生的溢出效应。
情景2	假设银行业中的非银行金融机构首先发生违约，参试银行收回部分同业投资，损失直接扣减核心一级资本净额，然后再考察其余参试银行分别发生信用违约时可能产生的溢出效应。
情景3	假设证券业、保险业金融机构首先发生违约，参试银行收回部分投资，损失直接扣减核心一级资本净额，然后再考察其余参试银行分别发生信用违约时可能产生的溢出效应。

二、偿付能力压力测试结果

截至2020年末，4015家参试银行各项贷款余额共计150.72万亿元，整体不良贷款率1.99%，整体资本充足率14.39%。其中，30家大中型银行、3985家地方中小银行各项贷款余额分别为114.64万亿元、36.08万亿元，整体不良贷款率分别为1.51%、3.51%，整体资本充足率分别为15.28%、12.12%。

（一）宏观情景压力测试

30家大中型银行整体抗冲击能力较强。宏观情景压力测试结果显示，30家大中型银行整体资本充足水平较高，总体运行稳健。截至2020年末，30家银行整体资本充足率15.28%。轻度情景下，2022年末资本充足率降至13.60%，2023年末升至14.97%。中度情景下，2022年末资本充足率降至13.35%，2023年末升至14.07%。重度情景下，2022年末资本充足率降至13.01%，2023年末升至13.09%。三种情景下30家大中型银行整体资本充足率均高于10.5%的监管要求，表明30家大中型银行整体对宏观经济冲击具有较强的抵御能力（见图2-20）。

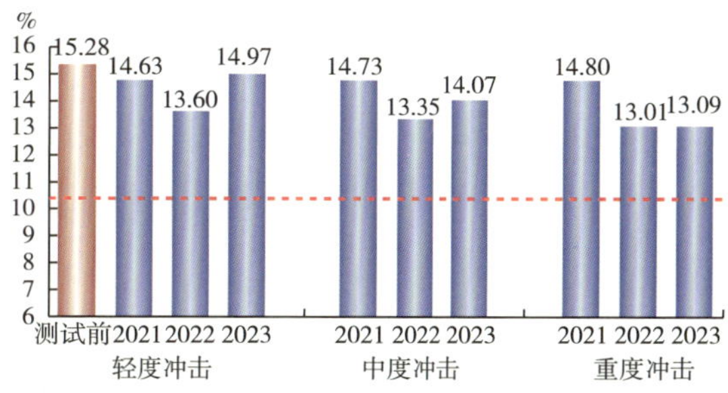

图2-20　宏观情景压力测试整体资本充足率情况

30家大中型银行个体风险抵御能力有所差异。在轻度、中度、重度情景下，2022年末分别有9家、13家、16家银行未通过测试，经由利润留存补充资本，2023年末未通过测试银行家数将分别降至2家、9家、14家。若不考虑2.5%的储备资本要求，在轻度、中度、重度情景下，2022年末未通过测试的银行家数将分别降至1家、2家、3家（见图2-21）。

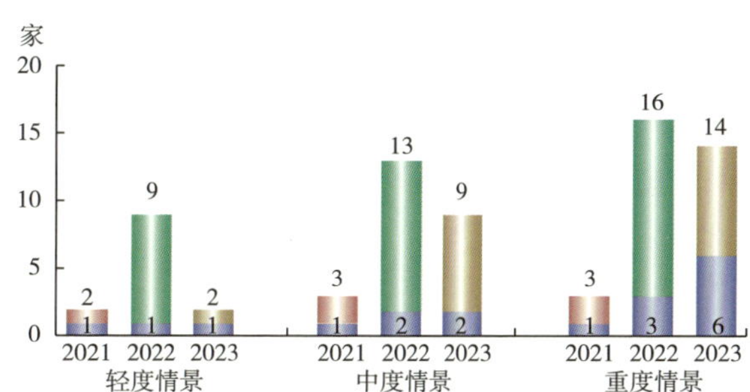

注：蓝色部分为不考虑储备资本要求时未通过测试银行家数。

图2-21　宏观情景压力测试下未通过测试银行家数

信用风险是影响30家大中型银行资本充足水平的主要因素。在轻度、中度、重度压力情景下，参试银行贷款质量将恶化，不良贷款率大幅上升。2020年末参试银行整体不良贷款率1.51%，若不考虑不良贷款处置，在轻度情景下，2021年、2022年、2023年末不良贷款率分别为2.39%、5.31%、4.29%；在中度情景下，未来三年年末不良贷款率分别为2.54%、6.54%、7.04%；在重度情景下，未来三年年末不良贷款率分别为2.87%、7.48%、9.69%（见图2-22）。银行需增加贷款损失准备计提，资本充足水平将受到较大影响，在轻度、中度、重度压力情景下，未来三年内累计降低资本充足率分别为2.74、5.17、7.60个百分点。

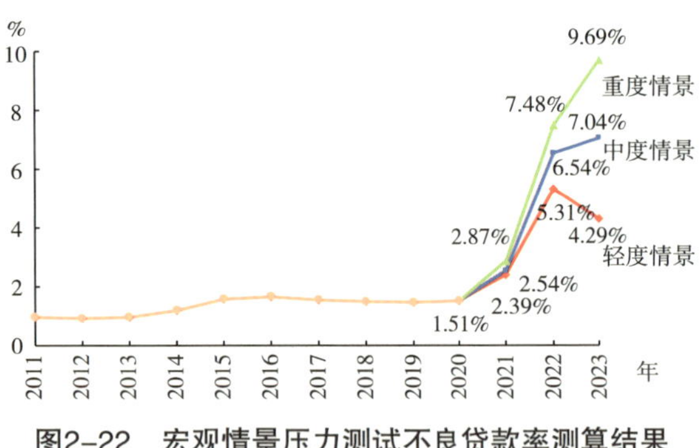

图2-22　宏观情景压力测试不良贷款率测算结果

市场风险对30家大中型银行资本充足水平影响有限。重度情景下，受短期市场利率下行影响，未来三年内存款利率累计下降29个基点，其他付息负债和生息资产利率累计下降98个基点，参试银行净息差收窄导致整体资本充足率累计下降0.34个百分点；受利率变动和信用利差扩大的综合影响，参试银行持有的债券估值下降，使得整体资本充足率累计下降0.11个百分点。汇率变化对参试银行整体资本充足率影响较小（见图2-23）。

充足的拨备水平和稳定的盈利能力有效缓解资本下降压力。2020年末，30家大中型银行整体拨备覆盖率213%，远高于监管要求；整体资产利润率0.84%，高于银行业平均水平。在轻度和中度情景下，分别有7家和4家银行，虽2022年未通过测试，但依靠自身盈利补充资本，在2023年末资本充足水平恢复至监管要求以上。

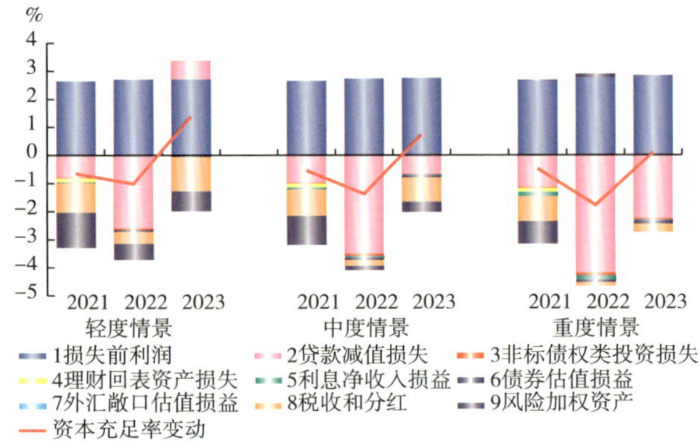

图2-23　资本充足率变化分解情况

（二）敏感性压力测试

中小银行对整体信贷资产质量恶化的抵御能力较弱。对于30家大中型银行，在整体信贷资产风险压力测试中的各个冲击下，整体资本充足率均满足10.5%的监管要求，有较强的信贷风险抵御能力。对于3985家中小银行，若不良贷款率分别上升100%、200%、400%，则整体资本充足率分别降至10.53%、8.52%、4.5%，分别有1390、2011、2590家未通过压力测试，其资产占参试中小银行资产的26.78%、44.71%、67.77%；若50%、100%的关注类贷款转移至不良，则整体不良贷款率分别升至5.97%、8.44%，资本充足率分别降至10.75%、9.01%，分别有1260、1679家未通过，对应资产占比26.23%、35.99%（见图2-24、图2-25、图2-26）。测算表明，3985家中小银行现有拨备和资本水平可支撑其整体不良贷款率上升3.54个百分点至7.05%，仍可达到拨备覆盖率100%、资本充足率10.5%。

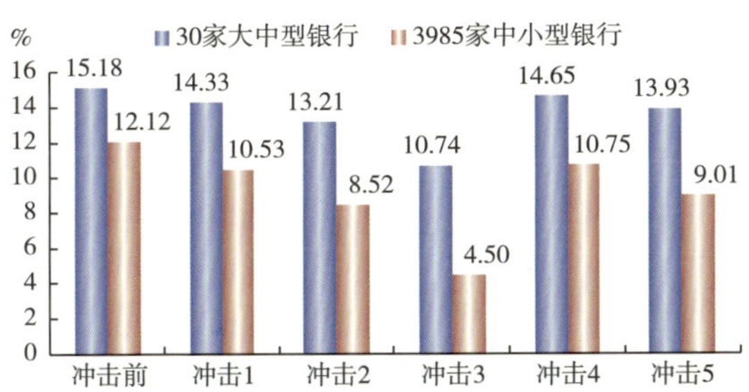

图2-24　整体信贷资产风险敏感性压力测试

（不良率上升100%、200%、400%，50%、100%的关注类贷款转移至不良）

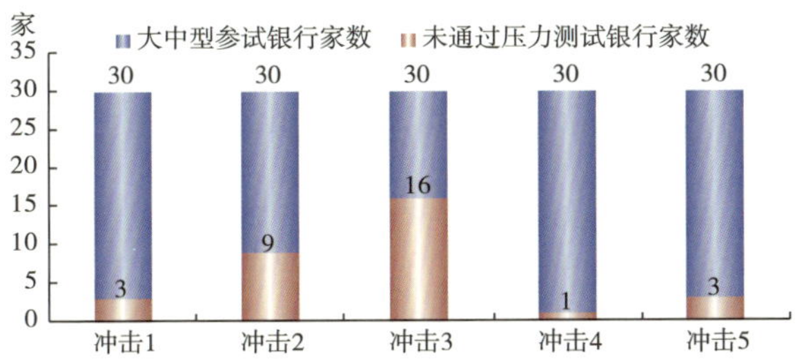

图2-25　30家大中型银行未通过压力测试银行家数

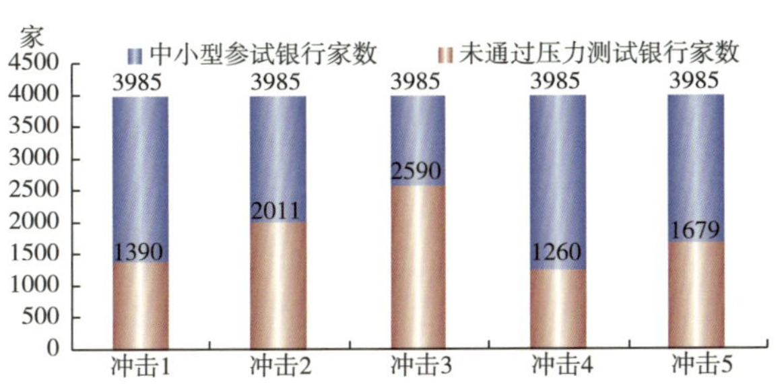

图2-26　3985家中小型银行未通过压力测试银行家数

中小微企业及个人经营性贷款、客户集中度、同业交易对手、地方政府债务、房地产贷款等领域风险值得关注。在中小微企业及个人经营性不良贷款率上升400%的冲击下，全部参试银行整体资本充足率降至11.26%，下降3.13个百分点。若最大5家非同业集团客户、同业交易对手违约（损失率60%），整体资本充足率分别降至11.46%、11.50%，分别下降2.93、2.89个百分点。若地方政府债务相关资产不良率上升15个百分点，参试银行整体资本充足率下降至12.27%，下降2.12个百分点。若房地产开发贷款不良率增加15个百分点、购房贷款不良率增加10个百分点，参试银行整体资本充足率下降至12.32%，下降2.07个百分点（见图2-27）。

理财回表资产信用风险、债券违约风险对参试银行影响较小。若计划以回表形式处置的理财存量资产中的30%发生损失，全部参试银行整体资本充足率降至14.09%，下降0.3个百分点。若账面价值最大的10只债券发生违约，全部参试银行资本充足率降至14.10%，下降0.29个百分点。

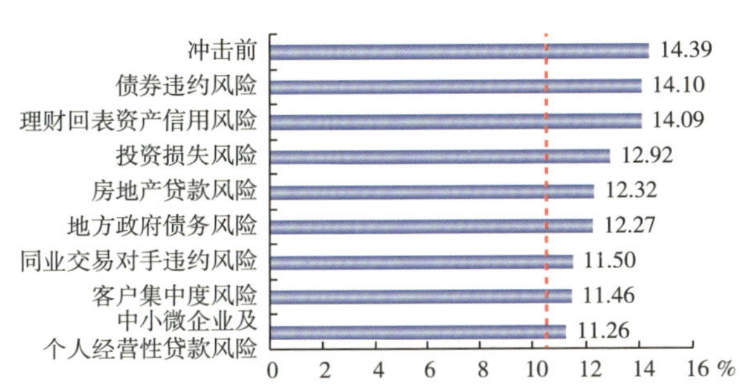

图2-27　重点领域敏感性压力测试结果（最严重冲击）

三、流动性风险压力测试结果

参试银行流动性承压能力整体较强。流动性风险压力测试考察未来7天、30天和90天三个时间窗口下，压力因素对银行资产负债现金流缺口的影响。测试结果显示，参试银行流动性整体充裕，4015家参试银行中，轻度情景通过率为96.51%，较2020年上升1.61个百分点；重度情景通过率为92.75%，较2020年上升0.88个百分点。其中，30家大中型银行在轻度情景下全部通过测试，在重度情景下有8家未通过测试。

同业依赖高的银行流动性承压能力较差。测试对同业资金设置了高于一般性存款的流失率，从测试结果看，未通过测试的银行对同业资金依赖较高，流动性压力较大，其资产负债结构、流动性风险管控等方面需重点关注。

四、传染性风险压力测试结果

绝大多数的银行具备面对单家银行违约的抵御能力，银行业中的非银行金融机构违约并未明显增强银行间的风险传染性。在仅考虑参试银行之间发生信用违约时，60家参试银行中共有5家银行未能通过测试；若银行业中的非银行金融机构首先发生违约，致使参试银行同业投资受损，再考虑参试银行之间发生信用违约，共有6家参试银行未能通过测试，较不考虑银行业中的非银行金融机构违约的情况，仅增加了1家银行，且未增加传染轮数。

证券业、保险业金融机构违约一定程度上增强了银行间风险传染性。若证券业、保险业金融机构首先发生违约，致使参试银行同业投资受损，再考虑参试银行之间发生信用违约，共有12家参试银行未能通过测试，较不考虑证券业、保险业金融机构违约的情况，增加了7家银行，且增加了传染轮数。

专题六　多渠道加快补充中小银行资本

资本是商业银行经营的本钱，夯实资本对于提高银行支持实体经济和防控风险能力具有重要意义。疫情冲击下中小银行盈利水平和资产质量有所下滑，补充资本的紧迫性进一步上升。国务院金融稳定发展委员会（以下简称金融委）多次召开会议，研究部署加快中小银行多渠道补充资本，各部门、各地方多措并举推进相关工作，取得了积极进展。

一、商业银行补充资本的主要渠道

商业银行天然具有高杠杆经营特点，为保护存款人利益、维持正常经营，巴塞尔协议Ⅲ和我国监管规定均要求银行保有一定比例资本金，以便在风险事件发生时吸收损失、降低破产可能性。根据吸收损失先后顺序，银行资本可分为三个层次，即核心一级资本、其他一级资本和二级资本。从资本来源看，补充银行资本有内源性和外源性两个渠道。其中，内源性渠道主要是留存收益和部分超额拨备，外源性渠道主要包括：

股权类资本补充工具。主要包括首次公开募股（IPO）、增发、配股和发行优先股。其中，IPO、增发和配股将增加银行普通股，计入核心一级资本。优先股事先约定股息，持有人优先于普通股股东分配利润，作为资本补充工具时不强制分红、不累计派息，设定强制转股条款，计入其他一级资本。我国自2014年起允许银行发行优先股补充资本，规定若核心一级资本充足率降低至5.125%或以下时，优先股须按约定价格转为普通股。

债权类资本补充工具。按照债券期限，可分为永续债和二级资本债。永续债无到期日或期限为机构存续期，计入其他一级资本。自2019年1月我国首只银行永续债成功发行以来，截至2020年底，城市商业银行和农村商业银行已累计发行1280亿元永续债。二级资本债期限通常为“5+5”，在第5年末附有条件的发行人赎回权，若发行人不行使赎回权，则自第6年起，可计入资本的金额按本金余额逐年递减。二级资本债清偿顺序在存款人及一般债权人之后，在普通股和永续债之前，计入银行二级资本。按照损失吸收机制，可分为转股型、减记型资本补充债券。过去我国资本债券均为减记型，即在风险事件触发时，发行人有权无须经持有人同意减记其债权，少偿还或不偿还债券本息。2021年1月，首单银行转股型永续债发行，在风险事件触发时可转为普通股，允许债权人在特定情况下持股也有利于完善治理机制。

二、中小银行补充资本取得积极进展

2020年以来，金融委多次召开会议部署创新中小银行资本补充渠道、构建资本补充长效机制等工作，各单位、各地方积极作为，中小银行资本补充工作取得显著成效。

一是指导支持地方政府多渠道补充资本。银保监会牵头联合五部委印发中小银行深化改革和补充资本工作方案，支持地方政府将中小银行改革和补充资本相结合，通过多种市场化渠道引进投资，同时通过发行地方政府专项债和认购中小银行可转债等，帮助中小银行补充资本金。

二是地方政府发行专项债补充中小银行资本。2020年7月1日，国务院常务会议决定允许地方政府专项债合理支持中小银行补充资本。财政部安排了2000亿元专项债券额度，支持20个地区的中小银行补充资本。

三是持续推动资本工具创新发展。2020年以来，人民银行积极支持中小银行发行永续债、二级资本债等创新型资本工具，促进形成市场化补充中小银行资本、恢复信贷扩张能力、支持经济企稳向好的经济金融良性循环。据统计，2020年80家中小银行永续债和二级资本债合计发行规模超过2000亿元，发行主体不断扩容。2021年初，人民银行会同银保监会设计完善转股型资本债券制度，浙江稠州商业银行、宁波通商银行获批在银行间债券市场发行转股型资本债券。

四是加大对资本工具的政策支持力度。为提升永续债二级市场流动性，支持中小银行发行永续债补充资本，人民银行采用市场化方式以每月一次的频率开展央行票据互换（CBS）操作，2020年累计操作量达610亿元。银保监会修订《关于保险资金投资银行资本补充债券有关事项的通知》，放宽保险资金可以投资资本工具的发行人条件，取消可投债券债项信用评级标准，支持中小银行优化资本结构。

五是多家银行通过直接融资方式补充资本。2020年以来，渤海银行、威海银行在H股上市，分别融资134.7亿港元、28.3亿港元。厦门银行、重庆银行、齐鲁银行、瑞丰银行、上海农商银行在A股首发上市募资17.7亿元、37.6亿元、24.55亿元、12.26亿元、85.84亿元。

三、下一步工作

中小银行补充资本工作取得了积极进展，但受疫情冲击影响，中小银行的资产质量和盈利能力仍然承压，补充资本的需求较大，部分中小银行资质相对较差或经验不足，通过市场化方式发行资本补充工具面临较大困难。下一步，要进一步完善银行补充资本的市场环境和配套政策，支持地方政府在下达的额度内依法依规发行专项债券补充资本，指导支持中小银行用好用足现有市场化渠道，探索开发创新型资本补充工具，健全可持续的资本补充体制机制。同时，将中小银行改革和补充资本相结合，推动中小银行厘清定位、完善治理、加强风险管控，形成健康发展的长效机制。

专题七　公募基金流动性风险压力测试

2021年1月，人民银行开展公募基金流动性风险压力测试，评估我国公募基金应对极端赎回冲击的流动性管理能力。

一、压力测试基本情况

测试对象。选取2020年末存续的5926只公募基金进行压力测试。

测试模型。通过考察不同压力情景下参试公募基金应对赎回需求的流动性缺口，评估公募基金在不同程度流动性冲击下的兑付能力。选取净赎回率作为公募基金流动性冲击的代理变量，根据各类公募基金历史申购赎回数据模拟不同压力情景下可能面临的赎回需求。将公募基金所持资产分为13类，按流动性不同分别赋予相应权重，根据2020年末公募基金资产负债表数据计算每只公募基金流动性加权资产总额，并对公募基金在投资、运营中因质押融资、费用计提等产生的负债进行扣减，得到可用于兑付赎回需求的流动性加权资产净额。若参试公募基金流动性加权资产净额在压力情景下可以应对赎回需求，则通过压力测试。

压力情景。按照投资对象和投资策略等因素，公募基金可分为普通股票型基金、被动指数型基金、中长期纯债型基金等20个类型，不同类型公募基金历史净赎回率分布之间存在差异。根据历史申购赎回数据对每一类型公募基金按照赎回冲击程度设置轻度和重度2个压力情景，分别对应10%和5%置信水平下的净赎回率水平①（见表2-5）。

表2-5　　各压力情景下赎回冲击

基金类型	轻度压力情景	重度压力情景
	净赎回率（%）	净赎回率（%）
	VaR（0.1）	VaR（0.05）
普通股票型基金	31.23	44.42
被动指数型基金	31.73	46.23
增强指数型基金	31.23	46.75
偏股混合型基金	26.26	38.5

① 因样本区间滚动，2020年度公募基金流动性压力测试各压力情景下的赎回冲击与2019年度略有出入。

续表

基金类型	轻度压力情景	重度压力情景
	净赎回率（%）	净赎回率（%）
	VaR（0.1）	VaR（0.05）
平衡混合型基金	13.64	26.04
偏债混合型基金	38.23	53.81
灵活配置型基金	34.88	53.79
中长期纯债型基金	34.39	54.63
短期纯债型基金	53.33	70.18
混合债券型一级基金	38.63	52.39
混合债券型二级基金	37.34	53.12
被动指数型债券基金	51.8	69.64
增强指数型债券基金	14.41	25.29
货币市场型基金[1]	39.36	56.65
股票多空型基金	41.85	56.19
商品型基金	45.21	62.09
国际（QDII）股票型基金	25.98	42.14
国际（QDII）混合型基金	22.96	35.04
国际（QDII）债券型基金	27.71	37.95
国际（QDII）另类投资基金	22.36	32.4

注1：据万得数据库显示，2020年末，一级投资类型货币市场型基金的二级分类项只此一项。

二、压力测试结果

压力测试结果显示，我国公募基金流动性管理能力整体较强。在轻度压力情景下，参试公募基金全部通过压力测试，测试结果与上年相同。在重度压力情景下，未通过测试的公募基金为71只，占比为1.20%，较上年上升19只和0.32个百分点，其中被动指数型债券基金未通过压力测试的比例较多（见表2-6），较2019年度上升16.91个百分点。

表2-6　　未通过压力测试基金数量和占比

基金类型	参试基金数（只）	未通过数量（家）		占比（%）	
		轻度	重度	轻度	重度
普通股票型基金	370	0	0	0.00	0.00
被动指数型基金	703	0	0	0.00	0.00
增强指数型基金	109	0	0	0.00	0.00
偏股混合型基金	1023	0	0	0.00	0.00

续表

基金类型	参试基金数（只）	未通过数量（家）		占比（%）	
		轻度	重度	轻度	重度
平衡混合型基金	72	0	0	0.00	0.00
偏债混合型基金	300	0	1	0.00	0.33
灵活配置型基金	1213	0	2	0.00	0.16
中长期纯债型基金	1221	0	13	0.00	1.06
短期纯债型基金	122	0	28	0.00	22.95
混合债券型一级基金	66	0	0	0.00	0.00
混合债券型二级基金	254	0	10	0.00	3.94
被动指数型债券基金	88	0	17	0.00	19.32
增强指数型债券基金	1	0	0	0.00	0.00
货币市场型基金	209	0	0	0.00	0.00
股票多空型基金	19	0	0	0.00	0.00
商品型基金	25	0	0	0.00	0.00
国际（QDII）股票型基金	80	0	0	0.00	0.00
国际（QDII）混合型基金	34	0	0	0.00	0.00
国际（QDII）债券型基金	0	0	0	0.00	0.00
国际（QDII）另类投资基金	17	0	0	0.00	0.00
总计	5926	0	71	0.00	1.20

专题八 规范第三方互联网平台存款

近年来，互联网金融快速发展，一些银行借助互联网平台的流量和场景优势，通过第三方互联网平台销售个人存款产品，突破了经营的地域限制。此类产品已成为部分中小银行跨区域吸收存款、缓解流动性压力的主要手段，加大了风险外溢的隐患。2021年1月，银保监会、人民银行出台文件对第三方互联网平台存款业务进行规范。

一、第三方互联网平台存款业务开展情况

银行通过第三方互联网平台销售存款产品，平台提供存款产品的信息展示和购买接口，不改变客户与银行间的债权债务关系。通常平台会展示银行名称、产品期限、起存金额、存款利率、计息规则等信息，突出显示“50万元内100%赔付”、“本息保障”等字样。平台存款产品均为个人定期存款，以5年期存款产品为主（占比63%），利率普遍较高，年利率最高4.875%，已达到市场利率定价自律机制要求的上限。近半数产品起存金额仅50元，购买流程简便快捷，客户通过在平台开立的Ⅱ类银行电子账户即可完成存款产品购买，并可随时提前支取。平台不对个人客户收费，对合作银行根据日均存款余额的0.2%~0.5%收取导流费。

第三方互联网平台存款规模增长迅速，合作银行主要为中小银行，多家高风险银行大规模吸收异地存款。据初步统计，截至2020年末，约89家银行（其中84家为中小银行）通过第三方互联网平台吸收的存款余额约5500亿元，较2019年末增长127%，其中央行评级8级以上的高风险银行吸收存款余额占比近50%。某家高风险银行70%的存款为通过第三方互联网平台吸收的异地存款，而其同业融资占总负债比重从2019年末的30%下降至3.2%。

二、第三方互联网平台存款业务存在的主要问题

互联网平台违规开展代办储蓄业务。平台不仅集中展示多家银行的存款产品信息，还为客户提供了产品购买接口，进一步掌握了存款产品的运营、数据和客户权限。强势平台甚至限制客户在银行自有渠道（如手机银行APP、网上银行等）对相关产品进行查询和存取，客户只能通过平台操作。这种模式下，平台事实上未经批准开展了代办储蓄业

务，违反了《储蓄管理条例》的有关规定。

地方法人银行突破经营的区域限制。借助大平台品牌和流量优势，地方法人银行与互联网平台合作在全国吸收存款、发放贷款，偏离了服务当地的经营定位，与其自身的风险管理能力不匹配。银行和平台没有利用现有技术手段识别客户与银行经营区域的匹配性，为逃避监管，甚至刻意屏蔽部分监管力度大的重点地区。

扰乱存款市场秩序。一些平台对存款产品按利率从高到低排序展示，加剧了银行竞价揽储的行为，推升银行资金成本。部分银行为了吸引客户，甚至通过缩短付息周期、提供现金奖励或发放购物券等方式变相提高存款产品利率，突破市场利率定价自律机制的要求。如某银行5年定期存款，每3个月付息，利率达4.1%，而3个月定期存款基准利率仅1.1%。

增加了中小银行流动性隐患。第三方互联网平台存款具有开放性、利率敏感性高、异地客户为主、客户粘性低等特征，稳定性远低于线下存款，导致流动性匹配率、优质流动性资产充足率和核心负债比例等流动性指标高估，不能充分反映银行的风险状况。此外，声誉风险的影响也被强化，一旦银行或平台出现负面舆情，极易导致“存款搬家”。

三、完善监管，规范存款市场

2021年1月，银保监会、人民银行印发了《关于规范商业银行通过互联网开展个人存款业务有关事项的通知》，叫停通过第三方互联网平台开展的定期存款和定活两便存款业务，不得再新增业务，存量业务到期后自然结清。目前，第三方互联网平台存款产品已经下架。

为了限制地方法人银行盲目扩张，督促其回归服务当地的经营定位，2021年2月，人民银行明确地方法人银行不得以各种渠道异地揽存，存量业务到期后自然结清。从2021年第一季度起，地方法人银行吸收异地存款情况纳入宏观审慎评估。

第三部分
构建系统性金融风险防控体系

2020年，国际社会继续完善宏观审慎政策框架，推动落实危机后国际金融监管改革措施，积极应对新冠肺炎疫情冲击，妥善采取逆周期调节措施。我国在借鉴国际经验的基础上，不断完善系统性金融风险防控体系，强化系统性风险监测评估，加强疫情下宏观政策协调。

一、国际金融监管改革及落实进展

（一）构建稳健的金融机构

积极出台应对疫情影响的措施。巴塞尔银行监管委员会针对疫情对银行业的影响，出台了多维度的支持措施。在巴塞尔框架实施安排上，将《巴塞尔协议Ⅲ：危机后改革的最终方案》的执行时间由2022年1月1日推迟至2023年1月1日，将修订后的全球系统重要性银行（G-SIBs）评估框架实施时间由2021年延迟至2022年，暂停了2020年各成员经济体标准实施评估工作。在银行资本计提方面，明确政府为应对疫情影响而提供担保的贷款适用主权风险权重，受疫情影响贷款的暂停还款期不计入逾期90天的计算范畴，受疫情影响而暂停还款、接受公共担保的贷款不自动分类为重组贷款。在逆周期调节方面，明确银行持有的资本和流动性缓冲在压力时期可用于吸收损失和支持实体经济，允许使用预期信用损失模型计提拨备的银行将2020年和2021年预期信用损失模型和原模型计提拨备的差额100%计回核心一级资本，并在后续三年线性扣减。

（二）防范“大而不能倒”

更新全球系统重要性银行名单。2020年11月，金融稳定理事会（FSB）公布了基于2019年末数据测算的G-SIBs名单，30家银行入选（见表3-1），名单与2019年相同，但个别银行分组有所变化。其中，中国建设银行由第1组升至第2组；美国摩根大通集团由第4组降至第3组，高盛集团和富国银行由第2组降至第1组。每年11月G-SIBs名单更新后，入选的银行将于14个月后开始实施更高的资本要求。

表3-1　　全球系统重要性银行

组别（附加资本要求）	全球系统重要性银行
5（3.5%）	空
4（2.5%）	空
3（2.0%）	美国花旗银行
	英国汇丰银行
	美国摩根大通集团

续表

组别（附加资本要求）	全球系统重要性银行
2（1.5%）	美国银行
	中国银行
	英国巴克莱银行
	法国巴黎银行
	中国建设银行
	德意志银行
	中国工商银行
	三菱日联金融集团
1（1.0%）	**中国农业银行**
	纽约梅隆银行
	瑞士信贷
	美国高盛集团
	法国大众储蓄银行
	法国农业信贷银行
	荷兰安智银行
	日本瑞穗实业银行
	美国摩根士丹利集团
	加拿大皇家银行
	西班牙桑坦德银行
	法国兴业银行
	渣打银行
	美国道富银行
	日本三井住友金融集团
	加拿大多伦多道明银行
	瑞银集团
	意大利裕信银行
	美国富国银行

资料来源：FSB《2020年全球系统重要性银行名单》，2020年11月。

（三）推动有效处置机制建设

稳步推进总损失吸收能力（TLAC）要求的实施。所有非新兴市场G-SIBs，均已提前满足了2022年风险加权资产18%和杠杆率分母6.75%的TLAC要求。TLAC工具发行在2020年3月受到疫情冲击后逐步恢复，上半年共发行3050亿美元，高于前两年同期水平。内部TLAC要求落实进展缓慢，且分配TLAC的方法在各经济体间存在差异。许多G-SIBs开始披露TLAC水平，但少有披露内部TLAC情况。

推动《金融机构有效处置机制核心要素》实施。各行业落实《金融机构有效处置机制核心要素》（以下简称《核心要素》）的进度不一。银行业方面，几乎所有G-SIBs母国和关键东道国均已建立了全面的银行处置框架。保险业方面，FSB于2020年8月发布《核心要素》保险业落实情况评估方法，但各经济体保险业处置机制建设在2020年进展缓慢。中央对手方（CCPs）方面，多数在一个以上经济体具有系统重要性的CCPs已经建立了危机管理小组（CMGs）并被要求制定处置计划，但各经济体建立法定处置机制的工作仍需大力推进。为推动CCPs处置机制建设，FSB于2020年11月发布《关于CCPs处置中的资金来源及对CCPs股权处理的指导意见》，指导CCPs处置当局如何评估CCPs处置中可能存在的资源缺口，以及如何分担损失。

（四）持续监测影子银行体系

2020年12月，FSB基于2019年末数据发布《2020年全球非银行金融中介监测报告》，涵盖了29个经济体。广义估算结果显示，2019年末全球非银行金融中介规模达200.2万亿美元，同比增长8.9%，约占监测经济体金融资产的49.5%。狭义估算结果显示，全球非银行金融中介规模达57.1万亿美元，同比增长11.1%，相当于监测经济体金融资产的14.2%。其中，中国非银行金融中介狭义口径规模为7.8万亿美元，位列美国（17.1万亿美元）和欧元区（12万亿美元）之后，占比自2017年开始下降。

（五）推动场外衍生品市场改革

2020年，场外衍生品市场改革进展缓慢。截至2020年9月，24个FSB成员经济体中，23个经济体落实了非集中清算衍生品的更高资本要求和交易信息报送要求，17个经济体落实了集中清算要求，16个经济体落实了非集中清算衍生品的保证金要求，13个经济体制定了关于平台交易的政策框架，落实情况总体与上年变化不大。

（六）其他

为缓解2020年新冠肺炎疫情的负面冲击，国际标准制定机构（SSBs）推迟了部分国际标准的执行期限。为解决目前全球跨境支付体系成本高、速度慢、覆盖面窄和透明度不足等问题，FSB会同相关SSBs制定了加强跨境支付的路线图，涉及一致落实跨境支付相关国际标准、推进支付系统直连、研究使用新多边平台的可行性等。国际社会继续推动全球法人识别编码（LEI）的应用，截至2020年末，共有30个经济体取得发码资格，超过177万个法人申请获得LEI编码。

二、主要经济体实践

（一）美国

系统性风险监测和评估。2020年12月，美国金融稳定监督委员会（FSOC）发布年度报告，认为2020年新冠肺炎疫情给全球金融体系带来了前所未有的冲击。尽管当局采取的非常规政策措施有效改善了市场状况，但与2019年相比，美国金融体系仍然面临较高风险，经济复苏前景取决于疫情严重程度和持续时间。当前金融体系存在的主要风险包括：非金融企业面临债务可持续性压力，商业地产易受抵押贷款违约和估值下降影响；短期批发融资市场存在结构脆弱性，部分开放式基金在危机期间面临更大的赎回压力；非银行金融机构发放住房抵押贷款过度依赖短期融资，损失吸收能力较差；CCPs服务中断易造成风险跨机构蔓延；采用其他基准利率代替LIBOR过程中可能存在法律、操作和经济风险；金融数据无法满足有效监管和公司内部风险管理的需求；金融机构对信息技术，特别是互联网平台和第三方供应商的依赖增加了操作风险。

开展压力测试。美联储在2020年底对33家银行开展了压力测试，根据截至2020年9月底的宏观经济和金融情况设置了严峻但合理的不利假设。结果表明，33家银行总体上将经历暂时的收入下降和亏损，但仍可以继续向信誉良好的企业和家庭提供贷款，资本充足水平高于监管最低要求。其中，在重度压力情景下，全球经济严重衰退，金融市场压力飙升，2021年第四季度，美国失业率升至12.5%的峰值，实际GDP较2020年第三季度末下降3.25%达到谷底，股票价格跌幅超过30%。在此情景下，33家银行的核心一级资本充足率从2020年第二季度的12.2%最低降至9.6%，预计总损失为6290亿美元。

完善宏观审慎监管框架。为应对疫情冲击，监管部门采取了一系列行动，以支持信贷和减轻金融机构负担，主要包括鼓励银行释放资本缓冲向受疫情影响的家庭和企业提供贷款；临时修改杠杆率规则并降低社区银行杠杆率要求。此外，监管部门在其他方面的政策行动还包括：建立判断公司对银行是否拥有控制权的全面框架；将压力测试结果运用到确定银行资本充足要求中，简化大型银行资本框架；修改沃尔克规则，放松关于禁止银行投资对冲基金或私募股权基金的限制；出台净稳定资金比率（NSFR）最终规则；就银行互持TLAC工具出台更严格的资本要求等。

（二）欧盟

系统性风险监测和评估。2020年11月，欧央行发布金融稳定报告，指出新冠肺炎疫情冲击仍是决定未来欧元区金融稳定的重要因素。短期来看，大规模支持政策有助于缓解部分金融稳定风险，政策过早退出可能带来挑战。展望未来，欧元区金融体系中期脆弱性仍在上升：一是存在部分资产错误定价以及市场调整的可能；二是非金融部门（包括私营部门和公共部门）的脆弱性增加；三是由于利率下降和预期信贷损失增加，银行盈利能力减弱；四是非银行金融机构（特别是投资基金）过度承担风险。上述脆弱性可能相互放大，进一步威胁金融稳定。

完善宏观审慎政策框架。为应对疫情冲击，欧元区多数成员经济体降低了逆周期资本缓冲（CCyB）要求，截至2020年12月，仅卢森堡和斯洛伐克保持正值；一些经济体还降低了系统性风险缓冲（SyRB）和其他系统重要性机构（O-SIIs）附加资本要求，这些措施释放了欧元区银行超过200亿欧元的核心一级资本，有力支持了其吸收损失和维持信贷投放。此外，一些经济体推迟执行已宣布的宏观审慎措施，如荷兰推迟了对国内抵押贷款敞口计提附加资本的规定。

监测非银行金融中介业务。2020年10月，欧洲系统性风险委员会（ESRB）发布欧盟非银行金融中介监测报告。截至2019年末，欧盟非银行金融中介规模约为45.5万亿欧元，较2018年末增长6.7%，主要反映了投资基金所持资产价格上涨。非银行金融中介面临的风险和潜在脆弱性包括：高风险借款人信用风险上升，评级下调；预计利率将在较长时间内保持低位，为追逐高收益，投资基金持有资产久期拉长、风险更高，使用更高的杠杆，加剧脆弱性积聚；银行、保险和投资基金等非银行金融中介通过融资、所有权关系或持有同类资产等方式相互关联，可能加剧风险传染；在市场剧烈波动时期，保证金要求等机制可能会放大流动性风险；开展更全面的风险评估存在数据缺口等。

（三）英国

系统性风险监测和评估。2020年12月，英格兰银行金融政策委员会（FPC）发布金融稳定报告称，新冠肺炎疫情给英国经济增长带来巨大压力，但得益于国际金融危机以来积累的大量资本缓冲以及当局面对疫情的政策响应，英国金融体系有能力持续向企业和家庭提供资金。主要银行资本充足，2020年9月，主要银行核心一级资本充足率上升至15.8%，是国际金融危机爆发时的3倍多，预计英国银行业有能力吸收约2000亿英镑的信贷损失。当前英国金融体系面临的主要风险有：企业破产和债务违约可能回升；风险资产价格存在调整的可能，“堕落天使”[①]风险在未来一到两年仍保持较高水平，高收益债券市场面临挑战等。

完善宏观审慎政策框架。为应对新冠肺炎疫情冲击，鼓励金融机构向家庭和企业提供信贷支持，英国采取了较为宽松的宏观审慎政策，主要措施包括：支持银行释放资本缓冲投放信贷；至少在2021年第四季度之前

① 指债券因信用评级下调而丧失投资级债券资质。

将逆周期资本缓冲比率维持在0；暂时取消针对主要银行的年度周期性情景压力测试，推迟两年一次的探索性情景压力测试；将系统性风险缓冲比率维持在2019年12月设定的水平，并将于2021年12月再次评估等。

三、我国实践

2020年，我国继续强化宏观审慎管理体制和政策框架，加强金融监管协调，完善风险监测识别体系，积极采取多项宏观审慎政策措施。

进一步加强金融政策统筹协调。2020年以来，面对新冠肺炎疫情带来的复杂严峻局面，国务院金融稳定发展委员会（以下简称金融委）加强统筹协调，先后召开33次全体会议和多次专题会议，果断出台有力有效、专业精准的创新性措施，用制度和政策的确定性稳定市场预期，加大力度打好防范化解重大金融风险攻坚战，实现了以最小代价促进经济率先取得正增长，金融风险处置取得重要阶段性成果。一是及时采取逆周期调节政策。确定了“稳预期、扩总量、分类抓、重展期、创工具”的工作方针，创设直达实体经济的货币政策工具，推动货币信贷实现“量增、价降、面扩”，既做到在较短时间内促进经济正增长，又推动金融服务实体经济的体制机制更加完善。二是统筹推动打好防范化解重大金融风险攻坚战。继续抓好存量风险化解，切实加强增量风险防范，加大中小银行资本补充力度，加强对金融创新的审慎监管，强化反垄断和防止资本无序扩张。三是统筹深化金融改革。确立“建制度、不干预、零容忍”的工作方针，部署实施创业板注册制和新三板改革试点，严厉打击财务造假。推动中小银行和开发性、政策性金融机构改革。加强中央地方金融监管协调，建立金融委办公室地方协调机制。四是推进更高水平对外开放，彻底取消银行、证券、保险业外资持股比例限制，取消合格境外机构投资者（QFII）/人民币合格境外机构投资者（RQFII）投资额度及RQFII试点国家和地区限制。

加强系统性风险监测评估。持续做好银行业、证券业、保险业、金融市场的风险监测工作，及时预警风险，研提应对之策。组织对全部4000余家银行业金融机构进行压力测试，不断扩大测试范围，及时进行风险提示，引导金融机构稳健经营。稳步推进央行金融机构评级工作，按季对全国4000多家金融机构开展央行金融机构评级，摸清风险底数，精准识别高风险机构。建立重点银行流动性风险监测报告机制，密切监测流动性状况，测算流动性缺口，及时进行风险警示。继续针对上市公司大股东股票质押风险、公募基金流动性风险等开展压力测试，运用金融市场压力指数监测股票、债券、货币和外汇等市场风险。积极开展保险公司稳健性现场评估和非现场监测，重点关注不当关联交易、大股东占款、股权结构不稳定等风险，密切跟踪偿付能力不足的保险公司风险状况。继续开展大型有问题企业风险监测，加强对宏观经济形势、区域金融风险及房地产等特定行业趋势的研判。

积极对冲疫情负面影响，实施多种逆周期调节措施。一是人民银行、银保监会于2020年9月联合发布《关于建立逆周期资本缓冲机制的通知》，明确建立逆周期资本缓冲机制，同时根据系统性金融风险评估状况和疫情防控需要，设置银行业金融机构初始逆周期资本缓冲比率为0。该机制有助于进一步促进银行业金融机构稳健经营，提升宏观审慎政策的逆周期调节能力，缓解金融风险顺周期累积和突发性冲击导致的负面影响，维护我国金融体系稳健运行。二是财政部、银保监会于2020年12月联合发布《关于进一步贯彻落实新金融工具相关会计准则的通知》，允许非上市银行在执行新金融工具准则的前五年，将首次执行日因采用预期信用损失法增提贷款损失准备导致的核心一级资本减少额按照一定比例加回核心一级资本。

完善金融控股公司监管。2020年9月，《国务院关于实施金融控股公司准入管理的决定》和《金融控股公司监督管理试行办法》相继发布，2021年4月《金融控股公司董事、监事、高级管理人员任职备案管理暂行规定》发布，初步构建起金融控股公司监管制度框架，明确符合设立情形的企业应当依法设立金融控股公司。人民银行遵循宏观审慎管理理念对金融控股公司实施全面、持续、穿透监管，强化股权结构、公司治理、全面风险管理和关联交易等关键环节监管，推动其依法合规经营，有效防范风险跨机构、跨行业、跨市场传染，提升金融服务实体经济的质效。

完善系统重要性金融机构监管。2020年12月，人民银行、银保监会联合发布《系统重要性银行评估办法》，对我国系统重要性银行的评估方法、评估指标、评估流程和工作机制等作出了规定，确立了我国系统重要性银行评估规则体系。2021年4月，人民银行、银保监会联合发布《系统重要性银行附加监管规定（试行）（征求意见稿）》，从附加资本、杠杆率、流动性、大额风险暴露、公司治理、恢复处置计划、数据报送等方面，提出附加监管要求。下一步，人民银行将会同银保监会，开展我国系统重要性银行评估并提出名单，出台《系统重要性银行附加监管规定（试行）》并组织实施。同时，抓紧制定我国系统重要性保险机构评估规则和监管要求。

继续完善资管业务标准规制，推动金融机构平稳落实资管新规。一是合理调整资管新规过渡期，强化激励约束机制，敦促金融机构合理调整整改计划并有序落实，推动过渡期资产处置。人民银行牵头建立资管业务整改联络协调机制，加强政策协调统筹和监测分析，推进资管业务整改政策落实。二是银保监会发布《保险资产管理产品管理暂行办法》配套细则，细化对保险资管产品的监管要求，进一步统一同类资管产品的监管规则。发布《保险资产管理公司监管评级暂行办法》，实施保险资管公司监管评级制度，推动保险资管机构稳健经营和高质量发展。三是持续加强非现场监管，按月监测资管业务运行情况。针对部分银行保本理财有所反弹、现金管理类产品规模快速增长等问题，及时进行风险提示，确保资管新规及各项配套制度有效落实。目前，资管业务发展呈现出结构优化、更可持续的态势，净值型产品保持增长，资金空转情况持续收敛，资管产品持有的非标资产比重降至新低，对股票、债券等标准化资产的配置增加，对实体经济的支持力度进一步加大。

发挥好宏观审慎评估（MPA）在优化信贷结构和促进金融供给侧结构性改革中的作用。2020年以来，人民银行按照中央经济工作会议重点任务要求，进一步完善MPA，提高了小微、民营企业融资和制造业融资的考核权重，设立再贷款临时性考核指标，完善贷款市场报价利率（LPR）运用相关考核，引导金融机构加大对国民经济重点领域和薄弱环节的支持，推动企业综合融资成本明显下降。

加强跨境资本流动宏观审慎管理。一是2020年10月，鉴于外汇市场运行保持稳定，跨境资本流动有序，人民银行将远期售汇业务外汇风险准备金率从20%下调为0。二是人民币对美元中间价报价行陆续主动将报价模型中的“逆周期因子”淡出使用，中间价报价的透明度、基准性和有效性不断提高。三是适时调整跨境融资宏观审慎调节参数。2020年3月，将全口径跨境融资宏观审慎调节参数由1上调至1.25，便利境内机构特别是中小企业、民营企业充分利用国际国内两个市场，多渠道筹集资金、缓解融资难融资贵的问题，推动复工复产。2020年12月，为完善全口径跨境融资宏观审慎管理，引导金融机构市场化调节外汇资产负债结构，将金融机构跨境融资宏观审慎调节参数由1.25下调至1。2021年1月，将企业跨境融资宏观审慎调节参数由1.25下调至1。此外，调整境内企业境外放款宏观审慎调节系数。2021年1月，根据企业实际业务需求，将境内企业境外放款宏观审慎调节系数由0.3上调至0.5，便利市场主体向外调拨资金。

建立银行业金融机构房地产贷款集中度管理制度。2020年12月，人民银行、银保监会联合发布《关于建立银行业金融机构房地产贷款集中度管理制度的通知》，对银行业金融机构房地产贷款、个人住房贷款占全部贷款的比重设置上限要求。该制度有助于提高金融体系的韧性和稳健性，促进房地产市场平稳健康发展，也有助于强化银行业金融机构内在约束，优化信贷结构，提高服务实体经济的能力。

继续推进金融业综合统计工作。一是国家金融基础数据库投产使用，基本建成以分布式架构、大数据和云计算技术为基础，符合大数据发展方向的先进、完备的关键基础设施。二是金融基础数据统计制度落地实施。2020年7月，发布《中国人民银行关于建立金融基础数据统计制度的通知》，统计制度涵盖存款、贷款、同业、债券、股权、SPV等。三是进一步深化各项金融业综合统计业务。制定地方金融组织统计制度，扎实推进金融机构资管产品、系统重要性银行、金融控股公司、普惠金融和绿色贷款等多项统计工作，加强监测分析。四是数据分析助力宏观调控和风险防控。逐步实现所有金融机构、金融基础设施和金融活动的全覆盖，对宏观杠杆率、影子银行、社会融资成本和贷款到期等情况进行监测分析。利用逐笔金融基础数据，展示贷款、债券等金融工具在不同企业的分布，准确反映金融资源分布。

专题九　防范化解重大金融风险攻坚战取得重要阶段性成果

防范化解重大风险是党的十九大确定的三大攻坚战之一，是决胜全面建成小康社会的重大举措。2020年以来，突如其来的新冠肺炎疫情给中国乃至全球经济金融体系带来严重冲击，国际形势复杂多变，维护金融稳定面临严峻挑战。按照党中央、国务院的决策部署，在国务院金融稳定发展委员会（以下简称金融委）统筹指挥下，在金融系统共同努力下，防范化解重大金融风险攻坚战取得重要阶段性成果。系统性金融风险上升势头得到遏制，金融业脱实向虚、盲目扩张态势得到根本扭转，金融风险整体收敛、总体可控，金融业平稳健康发展，为有效应对新冠肺炎疫情冲击、全面建成小康社会创造了良好的金融环境。

一、防范化解重大金融风险攻坚战的主要成果

（一）宏观杠杆率持续过快上升势头得到有效遏制

一是宏观上管好货币总闸门。坚持稳健的货币政策，保持流动性总量合理充裕，促进货币信贷合理增长，近三年广义货币供应量（M_2）、社会融资规模增速与名义GDP增速基本匹配。二是抓实化解地方政府隐性债务风险。完善常态化全覆盖监测机制，稳妥化解隐性债务存量，坚决遏制隐性债务增量。三是持续推动企业降杠杆。强化国有企业资产负债约束和管理，国有企业资产负债率降至2020年末的64.0%。分类管控中央企业资产负债率，“一企一策”确定2018—2020年三年管控目标，中央企业资产负债率降至2020年末的64.5%。四是控制居民杠杆过快增长。坚持“房住不炒”定位，实施差别化住房信贷政策，支持合理自住购房需求，坚决遏制投机炒房行为。截至2020年末，个人住房贷款余额同比增长14.6%，较2016年高位大幅回落。

通过上述措施，2017年至2019年宏观杠杆率总体稳定在250%左右，年均涨幅明显低于2008年末至2016年末年均13.2个百分点的涨幅，为全力支持抗击疫情创造了政策空间。疫情发生后，受名义GDP增速放缓和加大政策应对力度的影响，2020年宏观杠杆率阶段性上升，但第三季度以来增速已经放缓，预计将逐步回到基本稳定的轨道。

（二）各类高风险机构得到有序处置

一是稳妥有序推进包商银行风险处置。2019年5月人民银行、银保监会接管包商银行

后，2020年4月蒙商银行成立并开业。蒙商银行和徽商银行分别收购承接包商银行的相关业务、资产及负债，2021年2月7日，北京一中院裁定宣告包商银行破产。二是锦州银行风险处置和改革重组工作基本完成。通过改革重组，锦州银行依法引入战略投资者，及时阻断风险向中小金融机构传染。2020年7月，锦州银行财务重组、增资扩股工作完成，初步恢复自我“造血”功能，经营转向正轨。三是顺利接管“明天系”旗下9家金融机构。2020年7月，监管部门依法接管天安财险等9家金融机构，及时稳定运营，维持基本金融服务不中断，有序推进清产核资和改革重组工作。四是华信集团风险处置主要工作基本完成。2020年3月，法院宣告合计占华信集团逾95%资产规模的主要核心企业整体合并破产，保障了全体债权人依法公平受偿。证监会依法撤销严重违法违规的华信证券全部证券业务资格，支持甬兴证券依法承接华信证券原有业务。五是安邦集团风险处置进入尾声。2020年2月安邦集团接管工作如期结束，新主体大家保险集团引进战略投资者和老主体安邦集团解散清算工作正在推进。

（三）影子银行风险持续收敛

2018年以来，相关部门陆续出台资管新规及配套实施细则，统一资管业务监管标准，实施资管产品统计制度，加强穿透式监管和功能监管，推动资管业务回归“卖者尽责、买者自负”本源。同时，合理设定调整资管新规过渡期，完善配套支持政策和激励约束机制，推动金融机构早整改、早转型。净值型产品延续增长趋势，资金空转情况持续收敛，资管产品持有的非标资产比重降至新低，对股票、债券等标准化资产的配置增加，对实体经济的支持力度进一步加大。影子银行规模大幅压降，较历史峰值下降约20万亿元。

（四）重点领域信用风险得到稳妥化解

一是加强债券发行交易监测，提前化解潜在债券违约风险。公司信用类债券违约处置与信息披露规则逐步统一，市场化、法治化债券违约处置机制持续优化。二是综合采用市场化债转股、兼并重组、破产重整等多种方式，有效化解企业债务风险。三是提前筹划、稳妥应对疫情冲击下未来银行业不良贷款上升风险，积极制定不良贷款上升应对预案，支持、鼓励银行加大不良贷款损失准备计提力度及核销处置力度，2020年银行业处置不良资产3.02万亿元。四是支持银行尤其是中小银行多渠道补充资本。截至2020年末，商业银行一级资本充足率为12.04%，同比上升0.09个百分点，资本充足率为14.70%，同比上升0.06个百分点。

（五）金融秩序得到全面清理整顿

一是互联网金融风险专项整治取得良好成效。在营P2P网贷机构全部停业，互联网资产管理、股权众筹、互联网保险、虚拟货币交易、互联网外汇交易等领域整治工作基本完成，已转入常态化监管。二是违法违规金融活动得到有力遏制。严厉打击非法集资等非法金融活动，一些积累多年、久拖未决的非法集资案件得到处置。规模化体系化场外配资风险得到有效化解。严厉打击治理跨境赌博、地下钱庄等违法犯罪活动，维护支付服务市场、外汇市场健康秩序。三是私募基金、金融资产类交易场所等风险化解取得积极进展。出台私募基金监管相关规定，发挥部际联动、央地协作合力，综合施策压降私募基金风险。稳妥有序推进各类交易场所清理整顿。四是加强对大型金融科技公司监管，规范商业银行第三方互联网平台存款业务。

（六）金融市场运行平稳有序

面对新冠肺炎疫情冲击，2020年春节后，货币市场、债券市场、股票市场等金融市场如期开市，对稳预期、稳信心起到重要作用。坚持“建制度、不干预、零容忍”的方针，改革完善资本市场基础制度，2020年A股市场经受住了国际金融市场剧烈动荡等外部冲击考验，保持常态化运行，整体表现好于境外市场。完善外汇市场管理框架，不断丰富完善政策工具箱，在复杂多变的形势下有力维护了外汇市场稳定。进一步发挥市场在人民币汇率形成中的决定性作用，人民币汇率弹性增强，在合理均衡水平上保持基本稳定。

（七）防范化解金融风险制度建设有力推进

建立逆周期资本缓冲机制，同时为平衡防范系统性风险和缓解疫情冲击，明确缓冲比率初始设定为0。出台系统重要性银行评估办法，明确评估方法、评估指标、评估程序和评估机制。发布金融控股公司监管办法，明确对非金融企业投资形成的金融控股公司依法开展准入管理和持续监管。统筹金融基础设施监管，推动形成布局合理、治理有效、先进可靠、富有弹性的金融基础设施体系。完善存款保险制度建设和机构设置，发挥存款保险早期纠正和风险处置平台作用。制定重点房地产企业资金监测和融资管理规则，推出房地产贷款集中度管理制度，有效促进房地产市场健康发展。开展金融业综合统计，更好服务系统性风险防控。

（八）金融业对外开放水平稳步提高

落实准入前国民待遇加负面清单管理模式，大幅放宽银行、证券、保险业的市场准入，实现全股比运营，并大幅扩大业务范围；在企业征信、信用评级、银行卡清算和非银行支付等行业给予外资国民待遇；配套的会计、税收和交易制度不断完善。取消合格境外机构投资者（QFII）/人民币合格境外机构投资者（RQFII）投资额度及RQFII试点国家和地区限制，整合QFII、RQFII两项制度并优化完善相关管理政策框架，放宽准入条件，扩大可投资产品范围，优化托管人管理等，进一步便利境外投资者入市。借鉴国际市场规则，完善债券市场交易和结算机制，为境外投资者提供更加友好、便捷的投资环境。2020年9月，富时罗素公司宣布中国国债将被纳入富时世界国债指数（WGBI），至此全球三大债券指数提供商都已经和计划将中国债券纳入相关指数。

（九）金融服务实体经济的效能明显提升

一是进一步提升货币政策传导效率。贷款市场报价利率（LPR）改革持续深化，贷款利率隐性下限被完全打破，贷款利率保持低位运行，为顺利完成金融系统向实体经济合理让利1.5万亿元创造了良好的利率环境。二是积极发挥结构性货币政策工具作用。积极运用支农支小再贷款、再贴现和抵押补充贷款等工具，加大对小微、民营企业、“三农”、扶贫等国民经济重点领域和薄弱环节的支持力度。开展定向中期借贷便利操作，为金融机构扩大对小微、民营企业的信贷投放提供优惠利率长期稳定资金来源。三是有力应对新冠肺炎疫情冲击。在春节开市后向金融市场提供1.7万亿元短期流动性，有效稳定市场预期。2020年三次降低存款准备金率，提供1.75万亿元长期流动性。分三批次安排3000亿元专项再贷款，5000亿元再贷款、再贴现额度，1万亿元再贷款、再贴现额度，支持抗疫保供、复工复产和中小微企业等实体经济发展。组织实施支持企业延期还款和扩大信用贷款两项直达实体经济的货币政策工具。指导银行保险机构综合采用展期、延期、续贷、降本、分险、创新产品、简化手续、推广全流程线上“无接触”式金融服务等方式，帮助中小微企业渡过难关。四是强化监管考核督导，确保金融支持力度。明确单户授信1000万元及以下的普惠型小微贷款增速、户数“两增”以及五家大型银行增速高于40%的目标，督促增加小微企业信用贷、首贷、续贷、中长期贷款及制造业贷款投放。建立监管评价机制，督促银行改进内部绩效考核、资源配置、风险管理等机制，持续完善涉企信用信息整合共享机制，支持金融机构实现“敢贷、愿贷、能贷、会贷”。五是进一步激活消费市场活力。推动移动支付便民服务向纵深发展，推动公交、旅游、餐饮住宿等便民场景不断做实做透；组织开展境外游客境内移动支付便利化试点工作，打造国际化、便利化的移动支付服务环境；稳妥推进粤港澳大湾区跨境移动支付应用，便利港澳居民在内地旅游、消费。

二、围绕加快构建新发展格局，做好常态化金融风险防范化解工作

当前国际形势复杂多变，外部风险依然严峻，国内经济金融发展面临诸多不确定

因素，存量风险尚未完全出清，金融体系脆弱性依然存在，防范化解金融风险进入常态化阶段。下一步，要继续坚持稳中求进工作总基调，坚持按照市场化、法治化原则处置风险，压实金融机构主体责任，督促其积极开展自救，守住防范化解金融风险的第一道防线；压实地方政府属地风险处置责任和维稳第一责任；压实金融监管部门监管责任，增强监管有效性。要提升金融风险防控的前瞻性、全局性和主动性，既要做好“治已病”，更要着力于“治未病”，统筹金融发展与金融安全，牢牢守住不发生系统性金融风险的底线。

（一）持续抓好风险防范化解工作，遏制各类风险反弹回潮

按照既定方案，继续稳妥有序推动高风险集团和高风险中小金融机构风险处置化解。密切监测金融机构流动性风险，引导金融机构加强流动性管理。关注全球流动性过度充裕的外溢效应，加强跨境资本流动监测，严密防范外部冲击风险。加强企业违约风险监测，引导商业银行加大不良资产处置力度。稳妥做好债券市场风险防范和处置，引导各方按照市场化、法治化原则处置债券违约风险。继续做好资管新规过渡期整改工作，加强政策指导和监管协调，推动资管行业转型升级。稳妥处置私募基金风险，推进金融资产类交易场所等各类交易场所整治工作。有序推进P2P网贷存量风险处置，严厉打击非法集资等非法金融活动。加强对互联网公司金融业务的审慎监管和行为监管。

（二）健全金融风险监测预警体系，提升风险防控前瞻性

一是构建系统性金融风险分析框架。强化对金融机构和企业关联关系的监测，及时识别脆弱性高、关联性强的重点金融机构和企业，防范风险跨领域、跨区域传染。加强房地产市场及相关风险的跟踪研判，稳妥实施好房地产金融审慎管理制度。二是加快完善宏观审慎管理体系，将主要金融活动、金融机构、金融市场和金融基础设施纳入宏观审慎管理。完善系统重要性金融机构监管框架，适时出台并实施全球系统重要性银行总损失吸收能力管理办法，制定我国系统重要性银行附加监管规定，开展我国系统重要性银行评估并适时公布名单，建立我国系统重要性保险机构评估机制。完善金融控股公司监管制度体系，依法依规开展准入管理和持续监管。完善跨境资本流动管理框架，健全跨境资本流动监测、预警和响应机制，丰富和完善工具箱。推动建立全覆盖的金融业综合统计体系和完备的国家金融基础数据库。

（三）聚焦机制建设，不断提高有效防控金融风险能力

一是强化中央和地方以及中央部门间的监管协同，形成风险处置合力，建立和维护良好的金融生态环境。注重压实地方责任，

防范化解区域金融风险。加强地方金融机构微观治理和金融监管，支持引导地方金融机构专注主业，坚持服务城乡居民、服务中小企业、服务地方经济的定位。二是聚焦早期纠正和市场化处置平台建设，有效发挥存款保险制度作用。加大现场核查力度，对问题机构逐一“诊断”，及时采取早期纠正措施。三是完善金融机构破产制度，建立健全市场化、法治化的金融机构退出机制。四是健全金融风险问责机制。对重大金融风险严肃追责问责，有效防范道德风险。同时严厉打击金融犯罪，坚决查处金融风险形成背后的腐败问题。五是健全相关法律法规体系。继续推动修订《中国人民银行法》《商业银行法》等基础性金融法律制度，研究制定金融稳定法。

（四）深化金融体制改革，增强金融业自身抗风险能力

一是完善多层次、广覆盖、差异化的金融机构体系。继续推动全面落实开发性、政策性金融机构改革方案，明确业务边界。深化城市商业银行和农村信用社改革，建立健全可持续发展的激励约束机制。支持中小金融机构多渠道补充资本、完善公司治理，增强金融机构稳健性。加快信托业转型发展，规范发展第三支柱养老保险。二是进一步完善金融市场制度框架。继续推进资本市场基础性制度改革，把发展直接融资特别是股权融资放在突出位置，保持资本市场平稳健康发展。完善债券市场法制，加大对逃废债等违法违规行为的查处力度，严肃市场纪律。强化债券市场行为监管，压实金融机构法人主体责任。建设开放多元、功能健全的外汇市场，进一步促进贸易投资便利化。三是持续深化利率市场化改革，健全市场化利率形成和传导机制。稳步推进人民币汇率形成机制改革。

专题十　央行金融机构评级

2021年第二季度，人民银行对4400家银行业金融机构开展央行金融机构评级（以下简称央行评级），评级结果整体稳定，银行业风险总体可控。

一、2021年第二季度央行评级结果

4400家参评机构包含大型银行24家、中小银行3999家、非银行机构377家。评级结果划分为11级，分别为1~10级和D级，等级越高表示机构的风险越大，已倒闭、被接管或撤销的机构为D级。其中，评级结果1~5级为“绿区”、6~7级为“黄区”，“绿区”和“黄区”机构可视为在安全边界内；评级结果8-D级为“红区”，为高风险机构。具体评级结果分布如表3-2所示。

表3-2　2021年第二季度参评机构评级基本情况

机构分类	机构类型	机构数量	评级结果
银行机构	开发性和政策性银行	3	1~7级
	国有商业银行	6	
	股份制商业银行	12	
	城市商业银行	130	2~10级
	农村商业银行	1559	2~10级
	农村合作银行	27	5~10级
	农村信用社	582	2~10级
	村镇银行	1642	2~10级
	民营银行及其他	20	3~7级
	外资法人银行	42	3~7级
	小计	**4023**	–
非银行机构	企业集团财务公司	256	3~D级
	汽车金融公司	25	3~10级
	金融租赁公司	68	3~10级
	消费金融公司	28	3~7级
	小计	**377**	–
总计		**4400**	–

3978家参评机构处于安全边界内，资产占比98.6%。评级结果在“绿区”的机构约2169家，资产规模298万亿元，资产占比90.4%；“黄区”机构1809家，资产规模27万亿元，资产占比8.2%；“红区”机构422家，资产规模4.6万亿元，资产占比1.4%（见图3-1）。由此可见，我国银行业金融机构整体经营稳健，风险总体可控。

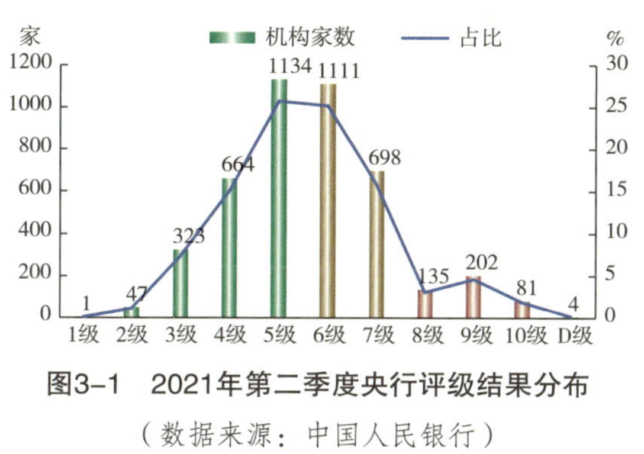

图3-1　2021年第二季度央行评级结果分布

（数据来源：中国人民银行）

分机构类型看，大型银行评级结果较好，部分农村中小金融机构存在一定风险。大型银行中，评级结果为1级的1家，2级的12家，3级的8家，4级的2家，7级的1家。中小银行中，外资银行和民营银行的评级结果较好，分别有93%、65%的机构分布于“绿区”，且无高风险机构；城市商业银行的评级结果次之，有73%的机构分布于“绿区”，但也有10%的机构为高风险机构；农合机构（包括农村商业银行、农村合作银行、农村信用社）和村镇银行风险最高，高风险机构数量分别为271家和122家，数量占全部高风险机构的93%。

分区域看，绝大多数省份存量风险已压降，区域金融生态得到优化。浙江、福建、江西、上海等省市辖内无高风险机构；广东、江苏、湖南、安徽等省“绿区”机构占比均超过60%；19个省市辖内高风险机构维持在个位数水平。辽宁、甘肃、内蒙古、河南、山西、吉林、黑龙江等省份高风险机构数量较多。

二、央行评级结果运用

基于评级结果采取早期纠正措施，增强风险防控主动性。人民银行采取“一对一”通报、约谈高管、下发风险提示函和评级意见书等多种早期纠正措施，增强金融机构风险防控的自觉性和主动性。2018年以来累计对全国748家机构开展了1996次风险约谈，对970家机构进行了2417次书面风险提示。

在央行履职过程中充分应用评级结果，提升政策精准性。人民银行在核定存款保险差别费率、发放普惠小微信用贷款、核准金融机构发债、开展宏观审慎评估（MPA）、审批再贷款授信额度、国库现金管理招标等工作中，充分运用央行评级结果，切实发挥央行评级引导金融机构审慎经营的作用。

与监管部门和地方政府共享评级结果，提高风险监测和化解的协同性。人民银行定期向地方政府和金融监管部门通报央行评级结果和高风险金融机构具体情况，推动风险信息的整合和监管关口的前移，提升风险防范化解的有效性。

拓宽评级在市场行为监管等领域的运用，丰富评级结果应用场景。人民银行与证监会建立沟通机制，根据央行评级情况，为银行发行上市、增资扩股等重大事项提供参考意见。此外，一些地方政府财政资金管理招标也将央行评级结果作为参考依据。

专题十一 建立我国逆周期资本缓冲机制

为健全货币政策和宏观审慎政策双支柱调控框架，完善与国际接轨的宏观审慎政策体系，2020年9月，人民银行、银保监会联合发布《关于建立逆周期资本缓冲机制的通知》，明确建立逆周期资本缓冲机制，同时将银行业金融机构初始逆周期资本缓冲比率设置为0。下一步，人民银行、银保监会将综合考虑宏观经济金融形势、宏观杠杆率水平、银行体系稳健性及系统性金融风险等因素，适时评估和调整逆周期资本缓冲比率，不断完善逆周期资本缓冲机制，增强银行业金融机构资本监管的逆周期调节功能，促进银行业金融机构稳健经营。

一、建立逆周期资本缓冲机制的必要性

2008年国际金融危机表明，在经济金融上升周期，商业银行信贷投放冲动较强，风险控制标准有所放松，容易造成系统性金融风险顺周期积累，原有的商业银行资本监管框架可能难以应对。一旦进入经济金融下行期，银行业可能面临巨大损失、资本迅速消耗，进而触发银行体系显著减少信贷供给、实体经济进一步下滑、银行坏账继续增加、信贷供给持续回落的恶性循环。为此，有必要在新的商业银行资本监管框架中引入逆周期调节机制。

基于以上考虑，2010年12月，巴塞尔银行监管委员会（BCBS）发布《更具稳健性的银行和银行体系的全球监管框架》，首次引入逆周期资本缓冲（CCyB）的概念，成为巴塞尔协议Ⅲ的重要组成部分。同时，BCBS发布《各国监管当局实施逆周期资本缓冲指引》，正式提出逆周期资本缓冲要求，要求各经济体监管当局对商业银行提出额外资本要求，即在最低资本充足率的基础上计提逆周期资本缓冲，比率为0~2.5%，由核心一级资本满足。BCBS建议各经济体从2016年开始分步实施，截至2020年末，包括我国在内的27个成员经济体均已正式建立逆周期资本缓冲机制。

BCBS建议各经济体通过监测信贷增长和其他指标来确定系统性金融风险的累积程度，据此调整缓冲比率。一般在信贷增长过快及系统性金融风险快速积累时上调缓冲比率，为风险爆发后可能出现的损失建立缓冲；在信贷增速下降、系统性金融风险消退时下调缓冲比率。当系统性金融风险爆发、金融体系面临较大压力时，释放逆周期资本

缓冲可以支持商业银行持续向实体经济提供信贷资金，避免经济陷入更深层次的衰退。

二、相关经济体实施逆周期资本缓冲的经验

总结梳理相关经济体实施逆周期资本缓冲的实践，主要有以下特点：

一是中央银行通常负责实施逆周期资本缓冲政策。多数经济体将实施逆周期资本缓冲的职责赋予中央银行，如美国、西班牙、比利时等国家，由中央银行理事会制定实施逆周期资本缓冲要求；部分经济体由中央银行内设机构负责逆周期资本缓冲的制定，如英国的逆周期资本缓冲政策由英格兰银行内设的金融政策委员会负责，冰岛的逆周期资本缓冲政策由其中央银行内设的金融稳定委员会负责。中央银行即便不是逆周期资本缓冲的最终决策机构，通常也深度参与决策过程，如瑞士由联邦委员会决定逆周期资本缓冲，但瑞士国家银行具有建议权。

二是信贷/GDP缺口被普遍作为调整逆周期资本缓冲比率的基准参考指标。BCBS推荐使用信贷/GDP缺口作为调整逆周期资本缓冲的重要参考指标，各经济体以此为核心指标，结合各自实际，建立了评估和确定逆周期资本缓冲比率的指标体系，主要包括宏观经济失衡状况、主要部门负债情况、银行稳健性状况、金融市场和房地产行业有关情况等指标。

三是压力测试通常作为逆周期资本缓冲决策的重要参考。英格兰银行金融政策委员会在进行逆周期资本缓冲决策时，会参考英国银行体系的年度压力测试结果，以评估银行资本缓冲是否充足以及银行面对冲击是否具有韧性。如果压力测试表明现有资本缓冲不足以应对冲击，则金融政策委员会将考虑提高逆周期资本缓冲要求。

四是针对特定部门设定逆周期资本缓冲。部分经济体要求过度持有高风险部门资产的金融机构计提额外的资本缓冲，以抑制特定部门的风险积聚。如瑞士联邦委员会为防范与住宅物业融资抵押贷款相关的银行敞口风险，2013年2月针对房地产行业设定了1%的特定逆周期资本缓冲，随后在2014年1月提高到2%。

从实践来看，逆周期资本缓冲可对银行业信贷增长的顺周期性起到较为直接的调节作用，有利于提高金融体系的韧性和稳健性，且政策操作相对清晰、易于理解，因此逐渐成为各经济体使用最为频繁、最具代表性的宏观审慎政策工具之一。如英国分别在2016年3月，2017年6月、11月，2019年12月，先后4次上调逆周期资本缓冲，以增强金融体系的韧性。新冠肺炎疫情暴发以来，主要经济体纷纷释放逆周期资本缓冲，及时发挥了应对突发冲击的逆周期调节作用。其中，英国、德国、法国、瑞典、爱尔兰、立陶宛、冰岛、比利时、丹麦等国将逆周期资本缓冲比率下调为0；挪威、捷克、中国香港

等下调至1%。

三、我国逆周期资本缓冲机制的主要实践

2011年出台的《中国银行业实施新监管标准指导意见》提出“引入逆周期资本监管框架，包括2.5%的留存超额资本和0~2.5%的逆周期超额资本”。2013年出台的《商业银行资本管理办法（试行）》提出“特定情况下，商业银行应当在最低资本要求和储备资本要求之上计提逆周期资本。逆周期资本要求为风险加权资产的0~2.5%，由核心一级资本来满足”，“逆周期资本的计提与运用规则另行规定”。

2020年9月，人民银行、银保监会发布《关于建立逆周期资本缓冲机制的通知》，正式建立我国逆周期资本缓冲机制，明确了逆周期资本缓冲的计提方式、覆盖范围及评估机制。银行业金融机构应当在最低资本要求之上计提逆周期资本缓冲，并由核心一级资本来满足。同时，根据系统性金融风险评估状况和疫情防控需要，初始逆周期资本缓冲比率设置为0。未来，将综合考虑宏观经济金融形势、宏观杠杆率、银行体系稳健性等因素，按年评估逆周期资本缓冲要求，特殊时期根据系统性金融风险防控需要适时进行调整。

建立逆周期资本缓冲机制，是健全我国宏观审慎政策框架、丰富宏观审慎政策工具箱的重要举措，有助于进一步促进银行业金融机构稳健经营，提升宏观审慎政策的逆周期调节能力，缓解金融风险顺周期累积和突发性冲击导致的负面影响，维护我国金融体系稳健运行。

专题十二　实施房地产贷款集中度管理

为贯彻落实党的十九大“健全货币政策与宏观审慎政策双支柱调控框架”的决策部署，人民银行牵头相关部门建立健全我国宏观审慎政策框架，并将房地产金融作为宏观审慎管理的重点领域，以防范潜在系统性金融风险。2020年12月，人民银行会同银保监会联合发布《关于建立银行业金融机构房地产贷款集中度管理制度的通知》，建立房地产贷款集中度管理制度，以健全我国宏观审慎管理制度，完善房地产金融管理长效机制。

一、建立房地产贷款集中度管理制度的重要意义

房地产贷款集中度管理是健全我国宏观审慎制度的具体措施，有利于提高金融体系稳健性。房地产事关民生和发展，在国民经济中占有重要地位，许多经济体都把防范房地产市场风险作为宏观审慎管理的重要内容。据国际货币基金组织2018年统计，全球有至少39个国家将偿债收入比（DSTI）纳入宏观审慎政策工具箱，运用贷款价值比（LTV）管理房地产金融风险则更加普遍，一些经济体还通过调整逆周期资本缓冲、房地产贷款风险权重、风险敞口限制等控制房地产贷款增长。从实践经验看，这些审慎工具取得了一定成效。此前，我国已较为充分地使用最低首付比（等效于贷款价值比）等需求侧工具，但对供给侧工具的使用还不充分。房地产贷款集中度管理作为供给侧的宏观审慎政策工具，对银行业金融机构投放的房地产贷款占全部贷款的比例提出上限要求，从而防范资金过度流向房地产领域，显著提高金融体系应对房地产市场波动的稳健性。

房地产贷款集中度管理是实施好房地产金融审慎管理制度的重要举措，有利于促进房地产市场平稳健康发展。房地产贷款集中度管理制度的出台经过了严格规范的治理流程，与市场沟通充分，政策公开、规则透明，能够从根本上校正银行预期，引导其根据防范系统性金融风险和房地产形势的需要，调整中长期经营策略和信贷结构，从而起到促进房地产市场平稳健康发展、防范潜在系统性风险的作用，是实施好房地产金融审慎管理制度的重要举措。

房地产贷款集中度管理有利于推进金融供给侧结构性改革，引导金融资源从房地产转向实体经济。房地产贷款集中度管理是金融供给侧结构性改革的重要举措，有利于抑制房地产信贷投放冲动，促进银行业金融机构合理调

整信贷结构，将信贷资源更多转向制造业、科技等经济社会发展重点领域和小微、“三农”等薄弱环节，提高服务实体经济的能力。

房地产贷款集中度管理有利于抑制居民部门杠杆率水平。住房贷款是居民负债的重要组成部分，房地产贷款集中度管理制度对银行业金融机构发放的个人住房贷款占全部贷款的比例提出上限要求，有助于从资金供给端抑制居民杠杆率的过快上升，防范潜在系统性风险。

二、房地产贷款集中度管理制度的主要内容

房地产贷款集中度管理制度是指，银行业金融机构的房地产贷款余额占比及个人住房贷款余额占比不得高于人民银行、银保监会规定的相应上限。对于超出上限的银行业金融机构给予一定业务调整过渡期，个别房地产贷款集中度过高、在过渡期内达到集中度要求确有困难的银行业金融机构，经申请，可在一定条件下适度延长过渡期。

对房地产贷款集中度进行分档管理。银行业金融机构按照资产规模及机构类型，分为大型银行、中型银行、小型银行（含大中城市及城区农合机构、民营银行）、县域农合机构和村镇银行等五档，分档设定上限，从40%到12.5%不等（见表3-3）。上限设定充分考虑不同类型银行的实际经营情况。

表3-3 房地产贷款集中度管理要求

银行分档类型	房地产贷款占比上限	个人住房贷款占比上限
第一档：大型银行		
中国工商银行、中国建设银行、中国农业银行、中国银行、国家开发银行、交通银行、中国邮政储蓄银行	40%	32.5%
第二档：中型银行		
招商银行、农业发展银行、浦发银行、中信银行、兴业银行、中国民生银行、中国光大银行、华夏银行、进出口银行、广发银行、平安银行、北京银行、上海银行、江苏银行、恒丰银行、浙商银行、渤海银行	27.5%	20%
第三档：小型银行和非县域农合机构[1]		
城市商业银行[2]、民营银行	22.5%	17.5%
大中城市和城区农合机构		
第四档：县域农合机构		
县域农合机构	17.5%	12.5%
第五档：村镇银行		
村镇银行	12.5%	7.5%

注：1. 农合机构包括：农村商业银行、农村合作银行、农村信用合作社。
2. 不包括第二档中的城市商业银行。

体现区域差异。对于区域经营的地方法人银行，人民银行副省级及以上分支机构会同所在地银保监会派出机构在充分论证的前提下，以第三、四、五档具体要求为基准，在增减2.5个百分点的范围内，合理确定其房地产贷款集中度管理要求，人民银行、银保监会将对此进行监督管理。

设置过渡期。为促进超过集中度管理上限要求的银行业金融机构稳步调整相关业务，避免对现有房地产贷款业务造成冲击，管理制度根据不同情况分类设定了过渡期。过渡期结束后，因客观原因未能满足集中度管理要求的银行业金融机构，可根据实际情况提出申请，经人民银行、银保监会或当地人民银行分支机构、银保监会派出机构评估后认为合理的，适当延长过渡期。

明确约束措施。超出集中度管理上限要求的银行业金融机构应结合自身实际，制定过渡期业务调整方案，报送人民银行、银保监会或当地人民银行分支机构、银保监会派出机构，并按季报告执行情况。符合管理要求的银行业金融机构应稳健开展房地产贷款相关业务，保持房地产贷款占比及个人住房贷款占比基本稳定。对未执行管理要求的银行业金融机构，人民银行、银保监会将采取额外资本要求、调整房地产资产风险权重等措施予以校正。

建立长效调节机制。人民银行、银保监会将综合考虑银行业金融机构的业务发展、房地产系统性金融风险等因素，适时调整适用机构覆盖范围、分档设置、管理要求和相关指标的统计口径。为配合资管新规的实施，资管新规过渡期内（2021年底前）回表的房地产贷款不纳入统计范围。

三、常态化实施房地产贷款集中度管理制度

房地产贷款集中度管理制度出台后，各地人民银行分支机构和银保监会派出机构统筹考虑当地经济发展、房地产形势以及不同类别银行业金融机构的实际情况，经过充分论证，确定了辖区内地方法人银行房地产贷款集中度管理要求。同时，对于超出集中度上限的银行业金融机构，人民银行、银保监会以及各地人民银行分支机构和银保监会派出机构综合考虑各家银行业金融机构的实际情况，指导其制定过渡期调整方案，要求其合理选择业务调整方式、按年度合理分布业务调整规模，确保调整节奏相对平稳、调整工作稳妥有序。当前，房地产贷款集中度管理制度已进入常态化实施阶段，人民银行将会同银保监会持续做好银行业金融机构房地产贷款集中度日常监测，督促超限银行按照过渡期调整方案有序实现压降目标，在实践中不断完善房地产贷款集中度管理制度，促进房地产市场健康发展。

专题十三　依法稳妥处置包商银行风险

2019年5月24日，人民银行、银保监会发布公告，鉴于包商银行出现严重信用风险，为保护存款人和其他客户合法权益，依法依规对包商银行实行接管。人民银行、银保监会在防范系统性风险的同时，坚持市场化原则，防范道德风险，严格依法依规推进包商银行接管工作，历时一年半的时间，顺利完成包商银行金融风险的精准拆弹。

一、包商银行的风险成因

包商银行的基本情况。包商银行前身为包头市商业银行，成立于1998年12月，2007年9月更名为包商银行，在内蒙古自治区及北京、成都、深圳、宁波等地共设立18家一级分行，拥有员工10171人。自2011年北京分行成立后，包商银行总行高管、核心部门陆续迁至北京，并在北京聘用大量员工，北京成为包商银行实际总部所在地。

“明天系”①控股并占用包商银行资金。从1998年开始，“明天系”陆续通过增资扩股和受让股权等方式不断提高其在包商银行的股权占比，截至2019年5月末，已有35户“明天系”企业共持有42.23亿股，占全部股份的89.27%。在控股包商银行期间，“明天系”通过虚构业务，以应收款项投资、对公贷款、理财产品等多种交易形式，共占用包商银行资金逾1500亿元，占包商银行资产总规模近30%。“明天系”长期占用资金，无法归还，严重侵蚀包商银行的利润和资产质量。

“明天系”股东多次尝试重组包商银行，但均以失败告终。2017年开始，包商银行的风险逐步暴露，经营难以为继。“明天系”大股东尝试邀请多家民营企业、地方国企，参与战略重组包商银行，但有的战略投资者明显不具备商业银行股东资格，有的战略投资者在了解资产状况后望而却步，重组工作难以取得实质进展。包商银行持续受到“明天系”污名效应影响，外部融资条件不断恶化，只能通过高息揽储等方式，勉强维持流动性。

二、接管包商银行面临的挑战及风险处置思路

截至2019年5月，包商银行的资产规模约

① “明天系”是对明天控股有限公司等若干壳公司及其控制的数十家上市公司、金融机构的统称。

5500亿元，在国内银行中排名前五十位，负债规模约5200亿元。自2018年，“明天系”未偿还包商银行任何资金，全部占款都成为包商银行的不良资产，加之评级公司将包商银行主体评级展望由稳定调整为负面，引发同业市场猜疑，融资成本不断上升，同业融资能力大幅下降，资金头寸严重不足，流动性风险一触即发。

接管包商银行面临的最大挑战是妥善处理涉众性风险和防范风险外溢，避免引发系统性风险。截至2019年5月，包商银行客户约473.16万户，其中个人客户466.77万户、企业及金融机构客户6.36万户，不但客户数量众多，还遍布全国各地，一旦债务无法偿付，极易引发银行挤兑等连锁反应，影响社会稳定。同时，包商银行同业负债规模超3000亿元，共涉及全国约700家交易对手。如果任何一笔不能兑付，可能给交易对手造成流动性风险，并引发连锁反应和同业恐慌，对金融市场稳定造成严重影响。

为稳妥应对上述挑战和风险，最大限度保障广大债权人权益，确保包商银行的金融服务不中断，人民银行会同银保监会研究提出了“新设一家银行收购承接业务+包商银行破产清算”的处置方案，即在行政接管阶段，设立一家新银行，按照市场评估价格，收购承接包商银行的资产和负债。未受保障债权及包商银行股东权益留存于包商银行，待进入司法阶段后破产清算，实现分担部分经营损失的法律效果。

三、风险处置工作实施情况

依照《中国人民银行法》《银行业监督管理法》《商业银行法》，包商银行实际已触发“已经或者可能发生信用危机，严重影响存款人和其他客户合法权益”的法定接管条件，2019年5月24日，人民银行、银保监会联合对包商银行实施接管。在接管期间，主要开展以下工作：

稳妥推进债权保障与处置工作。包商银行中小投资者和同业负债占比高，假结构性存款、假协议存款等金融产品违规现象严重。为此，在债权保障过程中，一是建立跨部门、跨机构的债权保障协调工作机制，依据《商业银行法》《存款保险条例》等法律法规，根据债权的性质及法律属性，按金额提供分段保障。二是建立债权确认与收购保障的五部门联合工作机制，开展债权保障政策解释和宣传及收购协议的签署工作。三是调动相关金融基础设施，研究制定确保相关金融产品正常流通和交易的措施。经过各方通力合作，依法实现对5000万元以下债权全额保障，对5000万元以上大额债权部分保障，全部债权保障水平近90%，并对二级资本债实施了减记。在充分保障客户债权合法权益的同时，打破了刚性兑付，严肃了市场纪律，有助于引导金融机构健康发展，促进金融市场良性运转。

摸清风险底数，推动改革重组。清产核资结果显示，以2019年5月24日接管日为基准，包商银行资不抵债金额为2200亿元。人民银行会同银保监会、内蒙古自治区政府等有关方面，研究提出具体实施方案：一是设立新银行。由存款保险公司会同建设银行全资子公司建信投资、徽商银行以及内蒙古自治区财政厅等内蒙古自治区内8家发起人在内蒙古自治区共同发起设立蒙商银行，承接包商银行内蒙古自治区内资产负债及相关业务，服务内蒙古自治区经济社会发展，不再跨区域经营。二是将包商银行内蒙古自治区外4家分行资产负债及相关业务打包评估，出售给徽商银行。

依法申请破产清算。包商银行改革重组工作平稳落地，收购承接包商银行业务的蒙商银行和徽商银行资本充足、运行平稳。根据《商业银行法》、《企业破产法》和《中资商业银行行政许可事项实施办法》等相关规定，鉴于包商银行严重资不抵债，无法清偿到期债务，接管组以包商银行名义，向银保监会提交破产申请，并获得进入破产程序的行政许可。2020年11月23日，北京一中院裁定受理包商银行破产清算，并指定包商银行清算组担任包商银行管理人。2021年2月7日，北京一中院裁定宣告包商银行破产，包商银行风险处置工作基本完成。

严肃开展追责问责工作。金融风险背后往往都是触目惊心的腐败和违法犯罪行为，包商银行金融风险造成国家巨额损失，违法违规人员需为高昂的处置成本买单。在接管期间，包商银行接管组向有关部门移送的案件线索涉及人数超过百人。在纪检监察部门和公安部门的联动下，包商银行金融监管腐败窝案逐渐水落石出，“明天系”及包商银行高管等始作俑者也将受到法律的制裁。

四、包商银行风险处置的启示

人民银行会同银保监会等有关部门，依法依规，按照市场化原则，充分保障存款人和其他债权人的合法权益，切实防范道德风险，稳妥有序推进包商银行风险处置，实现了处置成本最小化目标，守住了不发生系统性风险的底线，探索出商业银行市场化退出的可行路径。处置包商银行风险，有利于严肃市场纪律，防范化解潜在金融风险，推动金融机构健康发展。同时，包商银行的经营失败反映出其内部的公司治理失效、不良企业文化、激进经营战略，以及外部的监管俘获，都是滋生风险的不良土壤。需吸取包商银行风险形成的教训，健全防范化解金融风险的长效机制，对风险苗头“打早、打小”，及时有效防范化解中小银行金融风险。

（一）化解中小银行风险的启示

坚持法治化原则，全面依法依规推进风险处置。从包商银行风险处置来看，商业银行业务范围广，债权债务关系复杂，涉及的法律法规繁多。按照法治化原则，严格依法依规处置资产和负债，有利于厘清责任、明晰损失承担主体，加快风险处置进程，并切实严肃市场纪律，有效保障金融市场健康良性运转。同时，有利于维护客户和投资者的合法权益，避免因处置金融风险引发社会风险。

坚决防范系统性风险，维护金融稳定。商业银行业务涉众性强、风险外溢性大，一旦处理不慎，可能引发系统性金融风险。在包商银行风险处置过程中，由存款保险基金和央行提供资金支持，以收购承接方式，保持包商银行业务不中断，最大限度保护存款人和其他客户的合法权益；通过研究制定相关金融产品正常流通和交易的措施，有效维护金融市场的平稳运行，防止风险外溢和蔓延。

切实防范道德风险，严肃市场纪律。包商银行风险的成因，不仅是原股东及高管层的恶意掏空和违法违规经营，也有监管俘获、“猫鼠一家”的推波助澜，及市场投资者因盲目的牌照信仰和规模信仰所导致的不审慎经营。在包商银行风险处置过程中，依法对不法股东进行股权清零，坚决纠正和惩治违规业务，对违法违纪、贪污受贿的监管人员进行查处，对失职渎职、违规经营的高管进行问责，对投资者的大额债权及资管产品进行部分保障，使违法犯罪活动参与者受到惩处，使违法乱纪及贪污腐败的行为受到应有惩罚，使大额债权人的不审慎和违规经营行为受到应有的惩戒，有效防范了道德风险，严肃了市场纪律。

坚持市场化原则，努力实现成本最小化。风险处置的主要目的是以最小成本实现金融风险精准拆弹、维护金融稳定。在包商银行风险处置过程中，通过市场化招标处置资产、负债及业务等，对大额债权人进行部分保障、二级资本债减记、原股东股权清零，及后续引进战略投资者等措施实现风险损失分担，最大程度降低了风险处置成本，最大限度减少了公共资金损失。

明晰金融风险处置责任，确保处置程序高效有序运转。通过构建责任清晰、各负其责、合力攻坚的责任体系，明确金融机构及其股东承担风险化解的主体责任，压实地方政府风险处置的属地责任，强化金融监管部门对本行业金融风险的监管和相关处置责任，充分发挥人民银行市场监测、保持市场流动性合理充裕、维护市场稳定的作用，有利于快速、高效处置风险。

充分发挥存款保险风险处置平台作用，建立健全市场化退出机制。包商银行是存款保险制度建立以来，采用收购承接模式处置的第一家问题银行。存款保险公司通过参与发起设立蒙商银行，参与认购徽商银行内资股等方式提供资金支持，促成收购承接包商银行资产和负债。下一步可参照国际通行做法，适当扩大存款保险基金的使用范围，进一步明确和完善有关资金支持方式、实施接管和清算等方面内容，推动建立健全金融机构市场化退出机制。

（二）防范中小银行风险的启示

规范中小银行公司治理，健全风险防范机制。首先，要加强地方党委对中小银行党的领导，强化纪检监察等监督作用。中小银行要加强党的建设和企业文化建设，充分发挥党组织在“把方向、管大局、保落实”等方面的领导作用，体现党委思想政治工作优势，带好党员队伍和职工队伍，不断健全现代金融企业制度。其次，要压实金融机构主体责任，加强对金融机构及其股东的教育和行为约束，强化守法意识、诚信意识、责任意识，督促股东依法依规行使权利，承担股东责任。最后，要建立多元化的股权结构，进一步完善重大事项的决策机制和程序，增强公司治理实效。中小银行应结合区域特点和自身实际，积极探索优化股权结构的最佳选择，既要防止“一股独大”可能导致的问题股东控制，也要避免股权分散导致的“所有者缺位”和内部人控制问题。

持续完善现代金融监管体系，筑牢金融安全防线。金融监管是金融安全网的首道防线，金融监管部门要健全以资本约束为核心的微观审慎监管体系。一是加强股权管理，严格商业银行股东准入，落实股权穿透原则，防范潜在问题股东。对于危及商业银行稳健运行的问题股东，要加大处罚力度，提高违法成本。二是打造审慎的金融创新监管机制，更好地掌握金融创新业务的服务模式、业务本质和风险机理，完善相应监管规则，强化反垄断和防止资本无序扩张。三是大力发展监管科技，综合运用大数据等手段，穿透业务多层嵌套、风险交叉传染等表象，准确把握金融风险的实质。四是努力培育恪尽职守、敢于监管、精于监管、严格问责的监管精神，形成激励相容的监管氛围。

完善存款保险早期纠正机制，扎实织密金融安全网。存款保险与监管部门适当分工，各有侧重，互为补充，促进风险早发现、早报告、早预警、早处置。针对一些高风险中小银行存在的问题，应在加强风险监测、核查的基础上，依法采取要求补充资本、控制资产增长、控制重大交易授信、降低杠杆率等早期纠正措施，及时化解风险。

专题十四　违规控制金融机构的主要问题及处置探索

处置高风险金融机构的实践表明，大股东或实际控制人违规控制金融机构、规避监管、掏空金融机构，是金融风险的重要来源。在一些案例中，问题股东或问题实际控制人刻意构建“隐蔽+分散”的控制结构，长期潜伏，导致被控制金融机构风险累积，增加了处置难度。需不断提高监管效能，完善相关法律法规和司法实践。

一、违规控制金融机构存在的主要问题

金融机构是资金密集型企业，入股或控制金融机构往往可以获得融资便利。在国内外金融发展历程中，部分股东或实际控制人违规入股或控制金融机构，套取资金，最终造成金融风险累积的情况时有发生。

规避监管获得控制权。问题股东或动机不纯的实际控制人往往通过隐瞒实际控制结构、虚构财务数据和资本金来源等方式粉饰股东资质，使得现有监管手段难以及时有效识别，进而获得金融机构准入资格。个别金融机构发起人和投资者甚至通过俘获监管人员的方式获得控制权。如“明天系”实际控制人通过近40家载体公司分散持股、俘获属地监管人员等方式，违规控制包商银行89%的股权；又如“安邦系”实际控制人通过虚假出资、虚报财务数据等方式控制安邦集团。

公司治理和内部控制失灵。问题股东和问题实际控制人通过“代理人”控制金融机构关键岗位、建立特殊决策渠道等方式刻意规避、架空公司治理和内部控制机制。如包商银行党委、董事会、监事会形同虚设，董事长作为大股东“明天系”的代表，凌驾于制度之上，长期“一言堂”，以个人指示或决策代替规章制度，导致该行内部违规文化盛行。

以关联交易掏空金融机构。问题股东违规控制金融机构的目的就是将其变为不受限制的“提款机”。实际操作中，问题股东或实际控制人往往通过直接贷款、股权质押、理财产品、信托计划、保险产品投资等方式，大量占用金融机构资金，穿透来看，融资余额一般远超股本金，贷款集中度等指标远超监管要求。此类违法违规操作导致了包商银行、华夏人寿等金融机构的风险积累，也是部分农村金融机构风险的重要成因。

风险长期隐藏导致处置困难。违规控制金融机构的手法隐蔽，真实风险长期隐藏，有的金融机构通过做大规模的方式掩盖风

险，似乎流动性不断，风险就不会爆发。但实际情况通常是，随着资产劣变的加速，借新还旧的模式难以为继，风险最终爆发，并可能传染至更多同业机构，增加风险处置难度。包商银行案例中，因实际控制人“明天系”长期占用逾1500亿元资金，流动性持续紧绷，为避免流动性断裂，只能不断拓展同业业务，同业负债占比一度超过50%，交易对手涉及超400家中小金融机构，在金融管理部门果断接管后才避免风险扩散。

二、主要问题成因及处置障碍

问题股东控制金融机构动机不纯。金融行业具有资金密集、利润率高的特点，非金融企业为获取可观投资收益或融资便利，有动力入股和控制金融机构。针对金融行业涉众性强、“委托—代理”矛盾突出、风险易发的特点，监管部门一般会设置较严格的金融监管要求，如股东资质、持股比例、关联交易、贷款集中度要求等。但是，少数问题股东、问题实际控制人为规避监管要求，刻意构建“隐蔽+分散”结构违规控制金融机构，以操纵金融机构违规经营，满足其自身的利益诉求。

金融监管有效性有待进一步提升。近年来，金融监管部门制定或修订了银行、证券、保险等机构的股权管理办法，加强了对金融机构股东、实际控制人的监管。但监管部门对金融机构股东资质的监管主要限于直接股东，对股东资质的穿透审查力度不足，间接股东层面的股权质押、变更和增资等活动亟待规范。此外，监管部门的监管手段和技术不足，对于通过多个甚至数十个看似不关联的载体公司共同控制金融机构的隐蔽股东和实际控制人，难以实现穿透监管。

金融管理部门缺乏必要的处置权力。主要股东、实际控制人作为金融机构所有者，是化解风险的第一责任人，处置过程中应当由股东首先承担处置成本、弥补损失。从国际良好实践来看，一般赋予处置当局减记被处置金融机构股权或其他资本工具的权力。但我国现行法律暂未赋予金融管理部门减记股东股权的处置权力，除非进入破产程序，否则股东股权无法强制调整。行政处置阶段，金融管理部门虽可责令股东转让股权，但强制力不足。

司法实践探索有待进一步加强。问题实际控制人通过“隐蔽+分散”的控制架构，隐形控制多家金融机构，对监管和司法构成严重挑战。个别案例中，“隐蔽+分散”的控制架构可能包含数千家载体公司和众多代持人，载体公司间股权关系隔离、代持人与实际控制人的关联关系隐蔽、内部的资产负债隔离。从法律关系来看，各载体公司法人人格独立，难以从股权上锁定核心企业，难以要求有资产企业为负债企业偿债，从而隐匿资产、逃废债务，增加处置成本。对于具有上述特点的隐形控制体系，理论上可基于《公司法》第二十条，否认关联企业的法人人格独立性，从而将问题股东及其隐形控制体系整体纳入实质合并破产，从而实现以全部资产公平偿还全部债务的目的。我国司法实践对关联企业合并破产有一定探索，但尚未形成明确的标准和制度规范，难以有效追究问题股东和问题实际控制人的责任。

三、政策建议

严格股东准入和持续监管。进一步加强股东资质的穿透审查，强化对控股股东和实际控制人的审查，严把股东准入关，把“资本实力雄厚、公司治理规范、股权结构清晰、管理能力达标、财务状况良好、资产负债和杠杆水平适度”的股东资质要求真正落到实处。夯实金融机构资本质量，规范股东尤其是间接股东股权质押、变更等活动，严查严惩虚假注资、信贷资金入股等违法违规行为。打通数据壁垒，建立有效的金融股权投资及关联交易监测系统，利用人工智能与大数据技术，逐步实现对隐形股权关系的穿透式监管。

研究探索风险处置中的股权减记。金融稳定理事会发布的《金融机构有效处置机制核心要素》是金融机构风险处置方面国际最佳实践的总结，明确要求赋予处置当局督促金融机构自救的权力，包括按照清偿顺序减记被处置金融机构股权或其他资本工具。因此，建议参考国际准则，以修订《商业银行法》等相关法律为契机，明确处置当局减记或核销问题金融机构股权的处置权力，压实股东承担风险处置成本的责任。

进一步推动实质合并破产的司法实践。从维护公平清偿原则、保护债权人利益的角度出发，建议在《企业破产法》修订中增加合并破产启动标准等相关表述，以便指导形成明确的司法政策，有序推进司法实践。特别是考虑到金融机构股权的特殊性，在处理涉金融机构相关实质合并破产案件时，要加强金融管理部门与司法部门的协作，共同依法推进相关工作。

专题十五　建立更加严格规范的最后贷款人机制

当银行等金融机构面临流动性风险，而其他金融机构又无力或不愿对其进行援助的时候，中央银行出于防范金融风险的考虑，适时履行最后贷款人职能。作为我国金融安全网的重要组成部分，人民银行最后贷款人职能在防范化解金融风险过程中发挥了重要作用。下一步需结合风险处置实践，不断完善制度建设，推动建立更加严格规范的最后贷款人机制。

一、最后贷款人理论及实践

最后贷款人这一概念最早由弗朗西斯·巴林（Francis Baring）提出，他在1797年《关于建立英格兰银行的考察》中，将英格兰银行向处于危机时刻但具备清偿能力的银行提供借款的行为称为“最后手段”。亨利·桑顿（Henry Thornton）和沃尔特·白芝浩（Walter Bagehot）对最后贷款人理论加以梳理和完善，形成最后贷款人古典理论的核心。此后，随着金融体系的发展和历次金融危机的出现，该理论也经历了深刻的演变和发展，其核心含义在于当不利冲击引发银行等金融机构或金融市场流动性需求异常上升，且无法通过其他方式解决时，最后贷款人对其提供流动性支持。

银行是经营风险的机构，单家银行的流动性风险可能导致其经营失败，甚至可能引发系统性金融风险。一是银行自身的业务特征导致挤兑行为时有发生。银行属高负债经营，其负债流动性强而资产流动性弱，资产端和负债端的不匹配导致一旦出现挤兑，银行在无法得到外部援助的情况下，只能通过变卖甚至抛售资产满足流动性需求，而这一行为可能进一步引发存款人恐慌进而加剧挤兑，严重时导致银行面临破产风险。二是因金融体系的关联性，单家金融机构的风险可能传导至整个金融体系，形成系统性风险。信息不对称和市场失灵可能导致具有清偿能力的金融机构也会面临流动性风险，而其他市场参与者对交易对手信用风险的担忧可能进一步引发大规模挤兑、资产抛售等问题，在无公共部门干预的情况下，市场恐慌可能会迅速蔓延，导致货币市场流动性紧张、资产价格大幅波动，并形成恶性循环，单体风险扩散蔓延形成系统性风险，关键金融服务中断，进而冲击实体经济。

危机发生时，市场常规的融资机制和渠道都已失效，单家机构的风险极易传染至整个金融体系，考虑到系统性风险的严重后果，建立有效的危机应对机制尤为重要。最后贷款人适时向困难金融机构提供流动性支持，给予金融体系流动性保障，可有效避免单家机构风险扩散蔓延形成系统性风险，为维护金融稳定提供了重要保障。同时，为防范道德风险，实践中对救助对象、贷款期限、利率加以限定，并通过一定程度的“建设性模糊”和惩罚性措施促使金融机构谨慎行事。

实践中，为有效防范化解系统性风险，很多国家将最后贷款人制度作为危机应对和管理的关键政策。19世纪后期，英格兰银行适时向其他银行提供紧急资金援助，有效避免了英国陷入金融危机频发的境地。20世纪30年代，澳大利亚联邦银行一方面向困难机构提供资金支持，另一方面通过公告等方式稳定公众对于金融体系的信心，有效维护了金融稳定。2008年国际金融危机时期，美联储向贝尔斯登、美国国际集团、美国银行等金融机构提供紧急救助，避免系统重要性金融机构轰然倒塌引发系统性风险。同时，为缓解流动性危机，美联储和欧央行分别出手购买商业票据和担保债券，为关键市场提供流动性支持。新冠肺炎疫情期间，各国央行进一步创新政策工具，扩大救助范围，美联储和欧央行分别创设一级市场公司信贷工具和紧急抗疫购债计划，直接在一级市场购买公司债券等私人部门资产。

为保障公共资金安全，有效防范道德风险，近年来，国际组织和主要经济体进一步明确和完善了金融风险处置资金来源和使用顺序。2011年，金融稳定理事会（FSB）发布《金融机构有效处置机制核心要素》，提出处置不应只依赖公共资金，应优先使用事先筹集的存款保险或处置资金，或者事后从行业筹集资金来弥补公共资金损失。2016年，FSB在《关于支持全球系统重要性银行有序处置的临时融资原则》中进一步明确了优先使用私营部门资金、公共资金仅作为后备融资且需最小化道德风险的原则。英国2009年颁布的《银行法案》创设了针对银行类机构的特别处置机制，明确了处置资金来源及使用。一是使用自救资金，由股东及无担保债权人承担部分损失；二是存款保险基金，按照出资不超过直接偿付金额的原则吸收损失；三是财政部内设国家贷款基金，可对问题金融机构国有化，以及向银行等金融机构提供紧急贷款；四是英格兰银行提供必要资金支持，确保关键业务和服务不中断，包括为过桥银行运作提供资金。美国于2011年颁布《多德—弗兰克华尔街改革和消费者保护法》，建立了对系统重要性金融机构的有序清算机制，并明确了金融风险处置的资金来源和损失分摊机制。由财政部设立有序清算基金，美国联邦存款保险公司为处置系统重要性金融机构，可通过向财政部发行债券借款。同时，为维护公共资金安全，若处置所得无法全额偿付财政部借款，首先由股东、无担保债权人承担相应损失，然后美国联邦存款保险公司须在五年内向并表总资产超过

500亿美元的系统重要性金融机构收费予以偿还。

二、我国央行最后贷款人职能在防范化解金融风险中发挥重要作用

防范和化解金融风险、维护金融稳定是人民银行的重要职责。改革开放以来，我国金融业在支持经济体制转轨、促进经济发展中发挥了巨大作用，但同时也积累了较大风险。在历次金融风险处置过程中，人民银行充分考虑经济社会发展的阶段特征和突出问题，有效发挥最后贷款人作用，在动用央行资金化解金融风险、支持重点领域改革的同时，不断优化符合中国国情的金融风险防范处置框架和最后贷款人机制，取得了明显效果。

一是适时向金融机构提供流动性支持，缓解流动性压力。《人民银行法》赋予人民银行为银行业金融机构办理再贴现、向商业银行提供贷款的法定职能。根据经济金融形势和市场环境变化，人民银行充分发挥最后贷款人职能，不断加强对金融机构流动性风险的监测和管理，通过多种政策工具，对个别具有偿付能力但暂时陷入流动性危机的机构提供流动性支持，以帮助金融机构缓解支付压力、恢复信誉，保持金融服务不中断，防止流动性风险恶化。同时，人民银行通过公开市场操作等方式，适时向市场投放流动性，加强流动性边际调节，及时应对多种因素冲击，稳定市场信心，维护金融体系稳定。

二是有效化解金融机构风险，推进金融重点领域改革。20世纪90年代，我国经济体制处于转轨时期，各类投资者保护制度尚未建立，金融法制尚不健全，金融业长期积累的风险集中暴露。考虑到经济转轨时期金融风险形成的特殊性和经济社会发展的阶段特征，人民银行充分发挥最后贷款人职能，会同有关部门稳妥处置德隆系风险，有序化解高风险中小金融机构风险，推进证券公司综合治理，不断规范个人债权偿付机制，保护中小投资者合法权益，有效维护了金融秩序和社会稳定。同时，遵循“花钱买机制”和正向激励的原则，推进金融重点领域和关键环节的改革，支持大型国有商业银行和农信社改革，推动建立存款保险制度和证券、期货、保险业投资者保护制度，构建维护金融稳定长效机制。

三是不断完善最后贷款人机制，打好防范化解重大金融风险攻坚战。在攻坚战中，按照“稳定大局、统筹协调、分类施策、精准拆弹”的基本方针和统一部署，人民银行不断寻求最优风险处置策略，稳妥处置高风险金融机构，避免金融机构无序倒闭引发系统性金融风险。以包商银行风险处置为例，2019年5月，人民银行会同银保监会依法接管包商银行后，为防止引发银行挤兑、金融市场波动，通过存款保险基金出资、人民银行

提供资金支持，先行对个人和机构债权予以合理保障，后续以新设银行收购承接方式推动包商银行改革重组，既最大限度保护存款人和客户的合法权益，维护社会稳定大局；又坚持市场纪律，有序打破刚性兑付，促进了风险合理定价。同时，人民银行适时向包商银行提供常备借贷便利，保障了包商银行的流动性安全。

三、建立更加严格规范的最后贷款人机制

在历次风险处置中，经国务院批准，人民银行为防范化解金融风险提供资金支持，最后贷款人职能发挥了重要作用。但总体来看，我国最后贷款人机制仍需进一步完善。此前在各类投资者保护制度尚未建立的情况下，人民银行为维护金融和社会稳定，被动承担了部分金融风险处置成本和金融改革成本，但最后贷款人职能泛化易引发道德风险。金融机构和地方政府在资金使用条件上与央行屡有博弈。最后贷款人权责不对称，对使用央行资金的机构缺乏相应的监督权限，难以形成有效约束。下一步，人民银行将继续发挥最后贷款人职能作用，结合国际成熟做法和国内实践经验，不断加强制度和机制建设，在守住不发生系统性金融风险底线的同时，有效防范道德风险。

压实各方风险处置责任，切实防范道德风险。一是金融机构及其股东应承担风险防范化解的主体责任。金融机构首先以自有资金或通过市场化方式筹集的资金化解风险，股东、实际控制人等应及时补充资本、承担损失，债权人依法承担风险处置成本。二是地方政府应承担风险处置属地责任和维稳第一责任，通过本级财政筹集风险处置资金，维护良好的地方金融生态。三是存款保险基金、其他行业保障基金按照法定职责参与本行业金融机构的风险处置工作，必要时以适当方式依法向风险机构提供资金支持或补偿投资者损失。四是在各方尽最大努力筹措资金仍难以化解风险的情况下，人民银行为避免风险蔓延形成系统性风险，在防范道德风险、保障央行资金安全的前提下，可提供资金支持。

精准判断风险性质，严格央行资金使用条件。一是加强风险监测评估，准确判断金融机构究竟是流动性风险还是资不抵债风险。央行原则上只向陷入流动性风险的金融机构提供资金支持。二是健全系统性风险分析框架，当单家金融机构的风险有可能演变为系统性风险时，央行出于维护金融稳定的目的，原则上可提供救助。三是央行发放再贷款时，需严格落实担保措施，如由相关机构提供足额合格抵质押品。

强化监督干预，保障央行资金安全。强化监督干预是最后贷款人救助的必要前提，通过修订《人民银行法》等法律法规，强化人民银行作为最后贷款人对使用央行资金机构的监督，采取限制业务活动、限制分红、

限制资产转让、限期补充资本、责令或限制股东转让股权、更换管理层以及其他改善公司治理和风险管理措施等，推动建立权责对称的最后贷款人制度，保障央行资金安全。

专题十六　存款保险制度实施成效显现

2015年5月1日，《存款保险条例》（以下简称《条例》）施行，我国存款保险制度正式建立。总体上看，《条例》施行以来，存款保险制度出台和实施平稳有序，作用逐步发挥，核心功能逐渐显现，取得了一系列积极成效。

一、保障水平持续保持高位，中小银行存款占比稳中有升

截至2020年末，全国4024家投保机构按规定办理了投保手续，被保险存款[①]合计190.3万亿元，受保存款[②]80.3万亿元。存款保险50万元偿付限额能够为99.4%的存款人提供全额保障（见图3-2），保障水平基本保持稳定，可以给予存款人充分保护，增强公众对我国银行体系的信心。

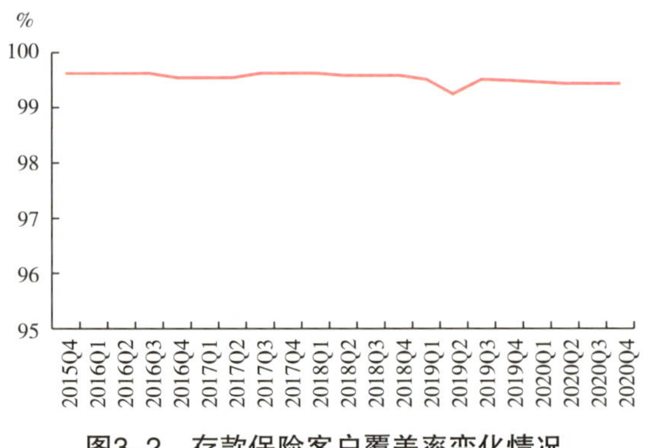

图3-2　存款保险客户覆盖率变化情况

存款保险制度有助于增强中小银行信用，为大、中、小银行[③]创造公平竞争的市场环境。《条例》施行以来，大、中、小银行存款格局总体保持平稳。截至2020年末，中小银行存款余额105.8万亿元，较《条例》出台时增长60.5%；中小银行存款市场份额51.3%，上升3.2个百分点，其中，小银行存款市场份额30.5%，上升4.1个百分点（见图3-3）。

---

① 被保险存款：根据《条例》第四条，被保险存款是投保机构吸收的除金融机构同业存款、投保机构的高级管理人员在本机构的存款以及存款保险基金管理机构规定不予保险的其他存款以外的人民币存款和外币存款。

② 受保存款：同一存款人在同一家投保机构所有被保险存款账户的存款本金和利息合并计算的资金数额在最高偿付限额以内的部分。

③ 大型银行包括工商银行、农业银行、中国银行、建设银行、国家开发银行、交通银行、邮政储蓄银行；中型银行包括政策性银行、招商银行等9家股份制银行、北京银行、上海银行、江苏银行；小型银行包括恒丰银行、浙商银行、渤海银行、其他城市商业银行、农村商业银行和合作银行、农村信用社、民营银行、村镇银行、外资法人银行等。

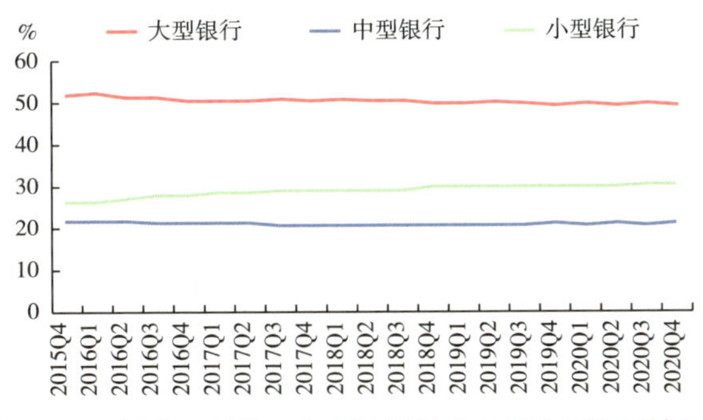

图3–3　大型、中型、小型银行存款市场份额变化情况

二、积极开展存款保险宣传，公众认知水平有效提升

平稳有序做好存款保险标识启用工作。使用存款保险标识是实施存款保险制度的一项重要内容，也是国际通行做法。2020年11月28日，人民银行授权投保机构启用存款保险标识。存款保险标识由人民银行统一设计，构成要素包括存款保险形象图案、“存款保险”中英文、“本机构吸收的本外币存款依照《存款保险条例》受到保护”、“中国人民银行授权使用”等文字。经国家知识产权局登记备案，存款保险标识已纳入官方标志保护。截至2020年末，全国4024家投保机构22.5万个营业网点的显著位置均已按规定展示存款保险标识。存款保险标识启用后，市场反应积极正面，金融机构经营平稳，社会公众对存款保险的认知程度有效提升，对银行体系的信心得到增强。

持续组织开展存款保险宣传活动。人民银行组织各分支机构和投保金融机构持续进行存款保险知识普及，聚焦县域和农村偏远地区，充分利用电视、报纸、广播、短信、微信公众号等方式，针对性进行存款保险宣传；充分发挥金融机构网点主阵地作用，将存款保险宣传嵌入业务流程，积极开展“进乡村、进社区、进企业、进机关、进校园”宣传活动。据统计，截至2020年7月末，人民银行系统和投保金融机构累计向公众发放宣传品1.18亿件，发送公益短信6200万条，微信推送274.7万次，培训受众160.6万人次。

三、基于风险的差别费率实施平稳，风险约束校正成效逐步发挥

2016年以来，存款保险基于定量模型和定性评价相结合的金融机构评级体系，对全国投保机构开展风险评价和费率核定，主要考察资本充足水平、资产质量、流动性状况、风险管理水平、公司治理等方面情况，以真实、客观地反映其经营和风险状况。通过对低风险机构适用较低费率，对高风险机构适用较高费率，用市场化手段发挥“奖优罚劣”和正向激励作用，促使银行审慎经营。实施以来，差别费率总体运行顺利平稳，评价体系公开、客观、透明，较好地反映了投保机构真实风险状况，在引导机构审慎经营、降低风险方面发挥了积极作用。

四、积极发挥早期纠正功能，及时识别和通报风险，共同推动风险有效化解

2017年以来，存款保险在金融机构评级体系的基础上，依法探索开展早期纠正，及时将识别的风险通报地方政府、监管部门，分类压实责任，促进风险早发现、早报告、早处置。一是压实高风险机构自身的风险化解责任，加强对机构和股东的约束。对少数资本根本性不足的投保机构，存款保险及时下发早期纠正通知书，要求制定资本补充计划，并在规定期限内补充资本。二是及时向省政府通报农村信用社风险，落实管理和风险处置的主体责任。存款保险及时将风险监测中发现的农村信用社重大风险问题通报省政府，同时研究提出明确的风险化解建议，推动地方政府牵头制定处置方案，有效化解问题机构风险。三是推动落实主发起行对村镇银行的风险处置责任。对高风险村镇银行，存款保险重点压实村镇银行主发起行责任，要求其按照有关规定采取增资扩股、调整高管、提供流动性支持、帮助处置不良资产等措施，改善村镇银行经营管理，提高资本充足水平。四是加强与监管部门的信息共享和沟通协调。存款保险在根据投保机构监管数据识别风险的同时，不断加强与监管部门的沟通，建立"共商共研"机制，及时通报风险。在人民银行、监管部门和存款保险等各方推动下，截至2020年末，已对635家投保机构采取了早期纠正措施，353家机构风险得到初步化解。

同时，在中小银行风险处置中，存款保险的风险处置平台作用逐步得到发挥。在包商银行风险处置过程中，由存款保险基金和人民银行提供资金支持，依法保障存款人和各类客户的合法权益，对包商银行520万储户、2.5万家中小企业、5000万元以下机构债权给予全额保障，对5000万元以上大额债权部分保障，最大程度保护存款人和其他债权人的合法权益，同时严肃了市场纪律。使用存款保险基金促成收购承接，保持了包商银行业务不中断，有效维护金融市场稳定。

专题十七　健全金融消费权益保护机制

党的十九大以来，人民银行会同银保监会、证监会，从保护金融消费者长远和根本利益出发，积极发挥金融消费权益保护工作在系统性金融风险防控中的事前防范作用，逐步构建了具有中国特色的金融消费权益保护机制，践行了金融为民的初心和使命。

一、金融消费权益保护工作的重要意义

金融消费者权益保护是指监管部门通过制定反欺诈误导、消费者金融信息保护、信息披露、消费争端解决、广告行为等方面的规定或指引，建立现场检查和非现场监管工作体系等方式，监督管理金融机构行为，以减少消费者在购买金融产品或接受金融服务过程中面临的风险和危害。强化金融消费者权益保护有助于维护金融市场秩序，增强金融消费者信心，维护金融市场稳定。

保护金融消费者合法权益有利于防范金融风险。由于信息不对称和金融专业知识不足，金融消费者在交易中处于弱势地位，可能面临不当销售、金融欺诈等问题。2008年国际金融危机表明，金融消费者保护不充分是导致系统性金融风险的重要因素。危机导火索是银行放松授信标准、向部分偿债能力不足的金融消费者发放房地产抵押贷款，而后将此类贷款通过证券化的方式打包成复杂的衍生品，在没有充分披露产品风险的情况下，将其销售给另一批风险承担能力与此类产品不匹配的金融消费者。强化金融消费权益保护工作，及时、精准发现并妥善处理金融消费者权益受到侵害的问题，有助于防范金融风险。

保护金融消费者合法权益有利于帮助金融消费者树立理性投资意识。一些金融消费者由于交易经验不足、认知能力有限，面对结构复杂的金融产品时难以准确评估风险，存在羊群效应、锚定效应等现象。金融消费者权益保护通过开展金融教育，有效提高消费者的金融知识水平，帮助金融消费者树立理性投资意识，增强金融消费者维权能力，降低金融机构扭曲市场竞争、损害金融消费者合法权益的可能性。

保护金融消费者合法权益是金融科技时代的客观要求。近年来，科技与金融深度融合，对金融市场、金融机构和金融业务模式产生深刻影响。随着金融新业态蓬勃发展，交叉性金融产品与服务不断增加，金融风险跨行业、跨市场、跨区域交叉传染的风

险上升，金融消费者面临的信息不对称、信息泄露、信息欺诈等问题加剧，金融消费纠纷快速增长，涉众类案件时有发生，不利于经济金融和社会稳定。加强金融消费者权益保护是新发展阶段防范化解金融风险的客观需要。

二、金融消费权益保护工作取得明显成效

近年来，人民银行统筹推进金融消费者保护基本制度建设，积极开展金融知识宣传普及和教育工作，建立健全金融纠纷多元化解机制，强化金融消费权益保护监督检查和金融广告治理，金融消费权益保护工作取得明显成效。

（一）统筹推进金融消费权益保护制度建设

探索构建金融消费者保护网状协调机制。一方面，人民银行会同银保监会、证监会持续深化金融消费者（投资者）权益保护领域的横向统筹协调，建立完善“一行两会”金融消费者保护协调工作机制。另一方面，人民银行将“金融消费者保护协作”的工作要求纳入金融委办公室地方协调机制中，不断完善中央与地方金融管理部门纵向的金融消费者保护协调工作机制，强化在金融广告治理、金融消费投诉管理等方面的央地监管协作。

完善金融消费者保护法律法规体系。2020年，中国人民银行发布《金融消费者权益保护实施办法》（以下简称《实施办法》），对与金融消费者有关的八项权利和金融机构经营行为进行了规范，有效解决了金融消费者权益保护领域违法违规成本较低的问题，有利于金融消费者合法正当维权。此外，人民银行各分支机构积极参与地方立法工作，不断提升金融消费者保护基本制度的系统性。

积极推进金融消费权益保护领域的标准建设。2018年以来，人民银行与银保监会联合制定出台银行业金融机构投诉分类标准并督促指导银行业金融机构全面应用实施，在银行业建立了统一的投诉统计报送制度。同时，积极推进非银行支付机构投诉分类标准制定，在部分非银行支付机构开展标准应用试点工作。继续推动在金融消费者投诉分类、金融消费权益保护环境评估等领域形成标准。

（二）建立健全事前防控体系

完善消费者金融素养问卷调查制度。为准确把握消费者金融知识水平以及金融教育领域中存在的薄弱环节，探索评估金融教育的有效性，2017年，人民银行开始每两年在全国（除港澳台地区）开展一次消费者金融素养问卷调查，探索建立中国消费者金融素养及金融行为图谱。2020年，人民银行对消费者金融素养问卷进行修订，计划于2021年

开展新一轮问卷调查。

加强金融广告监测管理。持续利用金融广告监测管理系统，大力甄别非法金融广告。截至2020年末，累计监测处理金融营销宣传线索12356条次，清除非法金融营销宣传信息3520条次，约谈告诫非法金融营销宣传责任主体1416家次，并将涉及非法金融活动的线索移送有关部门调查处置。疫情期间累计监测疫情相关金融广告3127条次，发现不当广告68条次。针对户外广告和平面广告，开发上线“金融广告随手拍”线索报送微信小程序，已有超过12万金融从业人员运用小程序协助监测非法金融广告，累计收集有效线索5235条次。

建立健全金融纠纷多元化解机制。2020年，人民银行落实《关于全面推进金融纠纷多元化解机制建设的意见》，通过进一步压实金融机构投诉处理主体责任，持续畅通金融消费者投诉渠道，助力疫情防控、复工复产和社会和谐稳定。人民银行全年共接收金融消费者投诉64171笔，投诉办结率达97.69%。在人民银行指导下，金融纠纷调解组织共调解纠纷15211件，调解成功11524件。其中，通过线上方式调解纠纷近万件，为金融消费者提供了经济便捷、专业高效的“非接触式”调解服务。

建设和完善金融消费者投诉数据统计监测分析系统（以下简称投诉监测分析系统）。2020年1月，投诉监测分析系统上线试运行，截至年末，共有3900余家银行业金融机构接入投诉监测分析系统并报送投诉数据。通过不断加强投诉数据监测、分析和运用，及早发现、预警、处置行业共性问题和风险，提高重大金融风险事前防范的灵敏度、精准度和及时性。

（三）打击侵害消费者权益的非法行为

近年来，人民银行坚持重拳打击与柔性监管相结合，坚决整治侵害金融消费者合法权益的违法违规现象。一方面，以执法检查为基础，全面督促金融机构履行金融消费者权益保护法定义务。2020年开展专项调查，严肃查处侵害消费者金融信息安全权行为，惩处违规查询或泄露客户信息的机构及相关责任人。另一方面，稳步推进金融机构开展金融消费者权益保护评估工作，会同银保监会不断加强评估联动，推动评估工作的标准化和规范化。

三、下一步工作原则和重点方向

人民银行将不断完善金融消费者权益保护体系，发挥好金融消费权益保护工作金融领域“减震器”和“舒压阀”的基础性作用，夯实金融稳定的微观基础。

进一步完善金融消费权益保护制度体系。继续研究探索金融消费者权益保护专门立法。围绕《实施办法》研究制定相关配套制度，细化监管标准。

普及金融教育，做好金融消费争议解决。多种形式开展金融知识普及活动，继续开展全国范围内的消费者金融素养问卷调查。积极推进投诉管理信息化建设，规范金融消费者投诉管理，压实金融机构投诉处理主体责任，完善金融纠纷多元化解机制。

规范金融机构营销宣传和信息披露。健全金融营销宣传行为监管体制机制，完善智能高效的金融广告监测体系，提高金融营销宣传行业自律意识。继续以综合执法检查为主、专项检查和行政调查为补充开展金融消费权益保护执法，加大信息披露、消费者金融信息保护、金融营销宣传等重点领域执法力度，强化数字技术监管手段。加强金融消费者权益保护评估工作及结果沟通，深化评估结果运用。

附录

统计资料

附表 1　主要宏观经济指标

项　　目	2016	2017	2018	2019	2020
国内生产总值（亿元）	746 395	832 036	919 281	986 515	1015 986
工业增加值（亿元）	245 406	275 119	301 089	311 859	313 071
全社会固定资产投资（亿元）	606 466	641 238	645 675	560 874	527 270
社会消费品零售总额（亿元）	315 806	347 327	377 783	408 017	391 981
货物进出口总额（亿元）	243 386	278 099	305 010	315 627	321 557
出口	138 419	153 309	164 129	172 374	179 326
进口	104 967	124 790	140 881	143 254	142 231
差额	33 452	28 520	23 247	29 120	37 096
实际利用外商直接投资（亿美元）	1 260	1 310	1 350	1 381	1 444
外汇储备（亿美元）	30 105	31 399	30 727	31 079	32 165
居民消费价格指数（上年=100）	102.0	101.6	102.1	102.9	102.5
财政收入（亿元）	159 605	172 593	183 360	190 390	182 895
财政支出（亿元）	187 755	203 085	220 904	238 858	245 588
城镇居民人均可支配收入（元）	33 616	36 396	39 251	42 359	43 834
农村居民人均可支配收入（元）	12 363	13 432	14 617	16 021	17 131
城镇就业人员（百万）	420.5	432.1	442.9	452.5	462.7
城镇登记失业率（%）	4.0	3.9	3.8	3.6	4.2
总人口（百万）	1 392.3	1 400.1	1 405.4	1 410.1	1 411.8

注：1.2016—2019年国内生产总值为最终核实数，2020年国内生产总值为初步核算数。

2.按照我国国内生产总值（GDP）数据修订制度和国际通行做法，在第四次全国经济普查后，对2018年及以前年度GDP历史数据进行了系统修订。

数据来源：国家统计局。

附表2

主要金融指标（一）
（年末余额）

单位：亿元

项　　目	2016	2017	2018	2019	2020
M_2	1550 066.7	1690 235.3	1826 744.2	1986 488.8	2186 795.9
M_1	486 557.2	543 790.1	551 685.9	576 009.2	625 581.0
M_0	68 303.9	70 645.6	73 208.4	77 189.5	84 314.5
金融机构各项存款	1505 863.8	1641 044.2	1775 225.7	1928 785.3	2125 720.9
储蓄存款	569 149.3	595 972.6	631 202.4	697 395.4	809 051.1
非金融企业存款	502 178.4	542 404.6	562 976.2	595 365.0	660 180.2
金融机构各项贷款	1066 040.1	1201 321.0	1362 966.7	1531 123.2	1727 452.1

数据来源：中国人民银行。

附表 3

主要金融指标（二）
（增长率）

单位：%

项　　目	2016	2017	2018	2019	2020
M_2	11.3	8.1	8.1	8.7	10.1
M_1	21.4	11.8	1.5	4.4	8.6
M_0	8.1	3.4	3.6	5.4	9.2
金融机构各项存款	11.0	9.0	8.2	8.7	10.2
储蓄存款	8.2	4.7	5.9	10.5	16.0
非金融企业存款	16.7	8.0	3.8	5.8	10.9
金融机构各项贷款	13.5	12.7	13.5	12.3	12.8

注：由于统计制度的调整，本表增长率是经过调整的可比口径的同期比。
数据来源：中国人民银行。

附表 4

国际流动性

单位：百万美元

项　　目	2016	2017	2018	2019	2020
总储备（减黄金）	3029 775	3158 877	3091 881	3127 493	3238 782
特别提款权	9 661	10 981	10 690	11 126	11 495
在基金储备头寸	9 597	7 947	8 479	8 444	10 765
外汇	3010 517	3139 949	3072 712	3107 924	3216 522
黄金（百万盎司）	59.24	59.24	59.56	62.64	63
黄金（折价）	67 878	76 473	76 331	95 406	118 246
其他存款性公司国外负债	182 683	313 413	304 431	241 046	255 007

数据来源：中国人民银行。

附表5

黄金、外汇储备

年　份	黄金储备（万盎司）	外汇储备（亿美元）	外汇储备比上年增长（%）
2001	1 608	2 121.7	28.1
2002	1 929	2 864.1	35.0
2003	1 929	4 032.5	40.8
2004	1 929	6 099.3	51.3
2005	1 929	8 188.7	34.3
2006	1 929	10 663.4	30.2
2007	1 929	15 282.5	43.3
2008	1 929	19 460.3	27.3
2009	3 389	23 991.5	23.3
2010	3 389	28 473.4	18.7
2011	3 389	31 811.5	10.7
2012	3 389	33 115.9	4.1
2013	3 389	38 213.2	15.4
2014	3 389	38 430.2	0.6
2015	5 666	33 303.6	−13.3
2016	5 924	30 105.2	−9.6
2017	5 924	31 399.5	4.3
2018	5 956	30 727.1	−2.1
2019	6 264	31 079.2	1.1
2020	6 264	32 165.2	3.5

数据来源：中国人民银行。

附表 6

金融业资产简表

（2020年12月31日）

单位：万亿元

项　　目	资产
金融业	391.96
中央银行	38.77
银行业金融机构	319.74
证券业金融机构	10.15
保险业金融机构	23.30

注：银行业机构指法人金融机构（含境外分行），不包括中央银行；证券业机构包括证券公司、期货公司和基金公司，证券公司和期货公司总资产均包括自身及客户资产；保险业机构包括财产保险公司、人身保险公司、再保险公司、保险集团公司和保险资产管理公司。

数据来源：中国人民银行、中国银保监会、中国证监会。

附表 7

2020年存款性公司概览
（季末余额）

单位：亿元

项　　目	第一季度	第二季度	第三季度	第四季度
国外净资产	262 342.17	266 549.11	269 648.15	269 522.17
国内信贷	2288 671.88	2351 762.00	2406 930.95	2440 004.58
对政府债权（净）	305 249.10	314 981.13	331 230.85	340 193.67
对非金融部门债权	1718 472.52	1774 684.78	1825 816.40	1853 490.30
对其他金融部门债权	264 950.26	262 096.09	249 883.70	246 320.60
货币和准货币	2080 923.41	2134 948.66	2164 084.80	2186 795.89
货币	575 050.29	604 317.97	602 312.12	625 580.99
流通中货币	83 022.21	79 459.41	82 370.87	84 314.53
单位活期存款	492 028.08	524 858.56	519 941.25	541 266.46
准货币	1505 873.12	1530 630.69	1561 772.69	1561 214.90
单位定期存款	390 274.95	399 039.85	407 659.25	383 837.34
个人存款	884 279.26	903 187.93	919 507.05	932 966.35
其他存款	231 318.92	228 402.91	234 606.39	244 411.22
不纳入广义货币的存款	49 279.73	50 241.03	52 849.76	53 519.40
债券	282 406.48	289 588.47	307 571.96	312 180.25
实收资本	66 430.96	68 418.68	70 797.11	73 565.84
其他（净）	71 973.47	75 114.28	81 275.47	83 465.37

数据来源：中国人民银行。

附表8

2020年货币当局资产负债表

（季末余额）

单位：亿元

项 目	第一季度	第二季度	第三季度	第四季度
国外资产	218 315.78	218 332.59	218 213.05	218 039.98
外汇	212 079.04	211 742.47	211 625.40	211 308.10
货币黄金	2 855.63	2 855.63	2 855.63	2 855.63
其他国外资产	3 381.11	3 734.49	3 732.02	3 876.25
对政府债权	15 250.24	15 250.24	15 250.24	15 250.24
其中：中央政府	15 250.24	15 250.24	15 250.24	15 250.24
对其他存款性公司债权	113 014.34	111 618.60	123 619.62	133 355.47
对其他金融性公司债权	4 734.95	4 747.46	4 741.61	4 447.14
对非金融部门债权	0.00	0.00	0.00	0.00
其他资产	14 059.42	13 982.40	12 903.17	16 582.70
总资产	**365 374.74**	**363 931.30**	**374 727.69**	**387 675.54**
储备货币	317 806.72	308 338.55	315 643.28	330 428.14
货币发行	90 750.94	85 413.10	88 063.47	89 823.29
金融性公司存款	212 680.93	207 202.69	209 650.34	222 906.08
其他存款性公司存款	212 680.93	207 202.69	209 650.34	222 906.08
其他金融性公司存款	0.00	0.00	0.00	0.00
非金融机构存款	14 374.85	15 722.76	17 929.48	17 698.77
不计入储备货币的金融性公司存款	5 016.28	4 749.82	5 292.63	4 881.82
发行债券	985.00	950.00	950.00	900.00
国外负债	1 896.22	1 198.45	1 080.69	929.67
政府存款	30 775.31	38 252.64	39 774.34	38 681.53
自有资金	219.75	219.75	219.75	219.75
其他负债	8 675.46	10 222.08	11 767.00	11 634.63
总负债	**365 374.74**	**363 931.30**	**374 727.69**	**387 675.54**

数据来源：中国人民银行。

附表 9

2020年其他存款性公司资产负债表

（季末余额）

单位：亿元

项　　目	第一季度	第二季度	第三季度	第四季度
国外资产	64 484.14	67 183.74	69 990.70	69 050.84
储备资产	224 365.39	217 384.93	219 441.36	232 330.79
准备金存款	216 636.65	211 431.23	213 748.76	226 822.03
库存现金	7 728.74	5 953.69	5 692.60	5 508.75
对政府债权	320 774.17	337 983.53	355 754.94	363 624.95
其中：中央政府	320 774.17	337 983.53	355 754.94	363 624.95
对中央银行债权	0.00	0.00	6.17	6.17
对其他存款性公司债权	304 461.06	307 125.89	311 280.51	309 122.76
对其他金融性公司债权	260 215.31	257 348.62	245 142.09	241 873.46
对非金融性公司债权	1 159 862.59	1 192 614.55	1 218 410.76	1 229 057.23
对其他居民部门债权	558 609.93	582 070.23	607 405.65	624 433.07
其他资产	115 285.23	121 668.53	121 551.23	120 489.84
总资产	**3 008 057.81**	**3 083 380.02**	**3 148 983.40**	**3 189 989.11**
对非金融机构及住户负债	1 885 969.25	1 948 426.34	1 976 994.74	1 987 799.10
纳入广义货币的存款	1 766 582.29	1 827 086.34	1 847 107.55	1 858 070.14
单位活期存款	492 028.08	524 858.56	519 941.25	541 266.46
单位定期存款	390 274.95	399 039.85	407 659.25	383 837.34
个人存款	884 279.26	903 187.93	919 507.05	932 966.35
不纳入广义货币的存款	49 279.73	50 241.03	52 849.76	53 519.40
可转让存款	15 202.49	16 798.53	19 161.80	21 941.94
其他存款	34 077.24	33 442.50	33 687.96	31 577.46
其他负债	70 107.22	71 098.98	77 037.43	76 209.56
对中央银行负债	109 647.99	112 609.47	119 562.53	129 521.32
对其他存款性公司负债	118 730.74	116 114.15	110 277.61	115 915.91
对其他金融性公司负债	195 538.38	192 415.61	204 214.90	209 083.25
其中：计入广义货币的存款	191 193.15	188 016.89	199 085.25	205 279.04
国外负债	18 561.53	17 768.76	17 474.91	16 638.97
债券发行	282 406.48	289 588.47	307 571.96	312 180.25
实收资本	66 211.21	68 198.92	70 577.36	73 346.09
其他负债	330 992.22	338 258.29	342 309.41	345 504.21
总负债	**3 008 057.81**	**3 083 380.02**	**3 148 983.40**	**3 189 989.11**

数据来源：中国人民银行。

附表 10

2020年中资大型银行资产负债表

（季末余额）

单位：亿元

项　　目	第一季度	第二季度	第三季度	第四季度
国外资产	33 157.44	33 900.48	36 751.00	35 302.07
储备资产	116 894.76	108 889.98	110 309.63	113 839.90
准备金存款	112 898.92	105 947.81	107 596.67	111 177.42
库存现金	3 995.84	2 942.17	2 712.96	2 662.47
对政府债权	197 849.92	205 992.41	217 283.96	217 998.60
其中：中央政府	197 849.92	205 992.41	217 283.96	217 998.60
对中央银行债权	0.00	0.00	0.00	0.00
对其他存款性公司债权	114 136.52	114 632.76	112 655.08	108 597.44
对其他金融性公司债权	68 377.02	66 055.33	62 433.21	60 305.48
对非金融性公司债权	568 502.15	581 121.19	595 056.01	594 802.88
对其他居民部门债权	277 069.44	288 410.22	298 863.66	305 838.31
其他资产	52 508.88	56 804.76	57 135.29	54 583.98
总资产	**1 428 496.13**	**1 455 807.14**	**1 490 487.83**	**1 491 268.67**
对非金融机构及住户负债	953 871.79	978 032.42	998 825.62	985 191.69
纳入广义货币的存款	866 580.74	887 989.31	902 286.44	892 571.31
单位活期存款	240 938.81	252 207.84	249 625.90	250 189.73
单位定期存款	137 020.20	140 539.54	149 069.85	136 502.22
个人存款	488 621.72	495 241.94	503 590.69	505 879.35
不纳入广义货币的存款	24 952.21	26 041.27	27 491.94	26 449.90
可转让存款	7 326.00	7 786.37	8 978.55	9 544.94
其他存款	17 626.22	18 254.90	18 513.39	16 904.96
其他负债	62 338.84	64 001.84	69 047.24	66 170.49
对中央银行负债	52 966.17	54 723.06	56 597.32	57 687.48
对其他存款性公司负债	31 747.12	25 902.79	21 162.92	26 920.05
对其他金融性公司负债	79 298.88	75 949.04	80 781.25	82 113.47
其中：计入广义货币的存款	77 594.70	74 477.09	79 325.31	80 651.78
国外负债	5 994.26	6 013.03	6 242.17	6 432.25
债券发行	121 255.30	125 544.52	134 117.49	135 748.33
实收资本	27 535.37	28 782.98	29 525.34	29 581.65
其他负债	155 827.24	160 859.31	163 235.72	167 593.76
总负债	**1 428 496.13**	**1 455 807.14**	**1 490 487.83**	**1 491 268.67**

数据来源：中国人民银行。

附表 11

2020年中资中型银行资产负债表

（季末余额）

单位：亿元

项　　目	第一季度	第二季度	第三季度	第四季度
国外资产	26 464.34	27 852.41	27 408.73	27 381.75
储备资产	35 071.78	38 061.37	37 011.06	38 412.01
准备金存款	34 417.42	37 551.73	36 534.23	37 925.89
库存现金	654.36	509.64	476.83	486.12
对政府债权	66 926.89	70 351.79	72 234.32	74 432.87
其中：中央政府	66 926.89	70 351.79	72 234.32	74 432.87
对中央银行债权	0.00	0.00	0.00	0.00
对其他存款性公司债权	41 502.95	40 177.24	43 509.74	41 322.24
对其他金融性公司债权	92 841.68	94 401.50	90 230.04	91 603.75
对非金融性公司债权	281 922.40	290 139.00	294 600.30	298 540.07
对其他居民部门债权	134 330.58	139 355.61	146 109.37	150 880.60
其他资产	20 587.01	20 978.51	21 195.53	21 915.63
总资产	**699 647.65**	**721 317.43**	**732 299.11**	**744 488.91**
对非金融机构及住户负债	334 296.57	347 635.82	344 403.32	347 617.39
纳入广义货币的存款	315 465.92	329 398.94	325 145.92	326 483.64
单位活期存款	110 615.17	120 417.03	120 167.49	126 363.14
单位定期存款	127 375.63	128 614.46	126 127.25	118 874.32
个人存款	77 475.13	80 367.44	78 851.17	81 246.19
不纳入广义货币的存款	14 911.18	14 594.06	15 391.64	16 365.06
可转让存款	4 442.43	4 975.58	6 026.11	7 273.58
其他存款	10 468.75	9 618.48	9 365.52	9 091.47
其他负债	3 919.47	3 642.82	3 865.77	4 768.69
对中央银行负债	39 978.04	38 057.19	39 175.43	42 300.52
对其他存款性公司负债	37 387.31	40 504.52	38 007.75	38 744.30
对其他金融性公司负债	73 350.42	73 856.06	80 542.39	83 304.80
其中：计入广义货币的存款	72 752.57	72 995.98	79 620.49	82 765.14
国外负债	6 386.61	6 467.39	6 007.43	5 094.80
债券发行	122 559.48	127 383.32	136 647.89	140 070.20
实收资本	9 838.07	10 038.09	10 935.57	12 240.71
其他负债	75 851.15	77 375.05	76 579.34	75 116.20
总负债	**699 647.65**	**721 317.43**	**732 299.11**	**744 488.91**

数据来源：中国人民银行。

附表 12

2020年中资小型银行资产负债表

（季末余额）

单位：亿元

项　目	第一季度	第二季度	第三季度	第四季度
国外资产	1 951.85	2 383.16	2 550.54	3 078.72
储备资产	57 778.64	56 809.85	58 074.87	64 114.27
准备金存款	55 143.22	54 667.04	55 940.82	62 054.37
库存现金	2 635.42	2 142.81	2 134.05	2 059.90
对政府债权	49 685.10	55 081.28	59 448.39	63 444.50
其中：中央政府	49 685.10	55 081.28	59 448.39	63 444.50
对中央银行债权	0.00	0.00	0.00	6.17
对其他存款性公司债权	101 734.81	105 005.43	109 891.02	108 370.66
对其他金融性公司债权	90 650.76	87 818.87	82 618.17	78 919.65
对非金融性公司债权	251 022.19	262 239.50	268 726.89	273 958.43
对其他居民部门债权	129 592.36	136 545.91	144 654.72	150 345.78
其他资产	25 007.91	26 823.68	26 497.16	27 301.74
总资产	**707 423.63**	**732 707.69**	**752 461.74**	**769 539.91**
对非金融机构及住户负债	485 349.63	507 468.81	519 815.78	528 720.91
纳入广义货币的存款	478 643.74	500 897.39	512 890.78	521 157.98
单位活期存款	104 738.33	113 279.78	115 377.73	118 138.45
单位定期存款	93 003.52	96 532.61	96 862.89	92 853.20
个人存款	280 901.89	291 084.99	300 650.16	310 166.33
不纳入广义货币的存款	4 483.70	4 461.24	4 673.18	4 867.82
可转让存款	995.72	1 182.68	1 324.07	1 590.70
其他存款	3 487.98	3 278.56	3 349.11	3 277.12
其他负债	2 222.19	2 110.18	2 251.82	2 695.10
对中央银行负债	15 775.14	18 768.48	22 308.34	27 800.90
对其他存款性公司负债	37 436.69	38 671.55	39 523.66	39 461.51
对其他金融性公司负债	40 815.26	40 659.74	40 877.55	41 634.31
其中：计入广义货币的存款	39 211.54	39 041.45	38 789.05	40 394.11
国外负债	979.36	864.52	836.37	769.46
债券发行	37 591.87	35 587.77	35 825.32	35 465.56
实收资本	19 286.68	19 702.12	20 179.86	21 444.32
其他负债	70 189.01	70 984.70	73 094.86	74 242.95
总负债	**707 423.63**	**732 707.69**	**752 461.74**	**769 539.91**

数据来源：中国人民银行。

附表13　**2020年外资银行资产负债表**

（季末余额）

单位：亿元

项　目	第一季度	第二季度	第三季度	第四季度
国外资产	2 673.22	2 810.68	3 075.21	3 091.26
储备资产	2 947.66	3 113.00	2 949.85	3 202.51
准备金存款	2 943.45	3 109.24	2 946.34	3 199.28
库存现金	4.21	3.77	3.51	3.23
对政府债权	4 089.15	4 023.48	4 149.56	4 806.17
其中：中央政府	4 089.15	4 023.48	4 149.56	4 806.17
对中央银行债权	0.00	0.00	0.00	0.00
对其他存款性公司债权	4 797.56	4 296.98	4 499.94	4 738.52
对其他金融性公司债权	3 727.51	3 668.68	3 753.09	4 395.40
对非金融性公司债权	13 108.27	12 982.95	13 169.35	13 298.72
对其他居民部门债权	1 685.30	1 708.24	1 779.26	1 872.50
其他资产	13 326.28	13 175.84	12 794.78	12 452.47
总资产	**46 354.95**	**45 779.87**	**46 171.03**	**47 857.57**
对非金融机构及住户负债	19 032.60	19 246.58	19 952.16	22 026.05
纳入广义货币的存款	13 522.71	13 896.00	14 108.49	15 504.57
单位活期存款	4 587.27	4 866.91	4 364.14	5 743.60
单位定期存款	7 576.28	7 642.56	8 396.12	8 361.52
个人存款	1 359.16	1 386.53	1 348.23	1 399.45
不纳入广义货币的存款	3 982.69	4 092.30	4 056.36	4 084.12
可转让存款	1 841.45	2 155.97	2 122.49	2 325.46
其他存款	2 141.24	1 936.34	1 933.87	1 758.66
其他负债	1 527.20	1 258.28	1 787.30	2 437.35
对中央银行负债	64.72	73.98	296.14	421.80
对其他存款性公司负债	2 301.97	2 523.55	2 537.95	2 256.73
对其他金融性公司负债	1 442.10	1 317.87	1 285.80	1 402.92
其中：计入广义货币的存款	1 313.12	1 181.47	1 111.56	1 204.80
国外负债	5 197.12	4 422.57	4 388.02	4 341.57
债券发行	988.26	965.82	903.58	845.42
实收资本	1 983.34	1 988.30	1 986.26	1 999.09
其他负债	15 344.83	15 241.19	14 821.13	14 563.99
总负债	**46 354.95**	**45 779.87**	**46 171.03**	**47 857.57**

数据来源：中国人民银行。

附表14

2020年农村信用社资产负债表

（季末余额）

单位：亿元

项目	第一季度	第二季度	第三季度	第四季度
国外资产	4.71	4.75	4.51	4.49
储备资产	8 267.17	7 311.18	7 926.54	8 862.89
准备金存款	7 828.28	6 955.90	7 563.31	8 565.89
库存现金	438.88	355.28	363.23	297.00
对政府债权	2 067.91	2 314.03	2 363.68	2 692.92
其中：中央政府	2 067.91	2 314.03	2 363.68	2 692.92
对中央银行债权	0.00	0.00	6.17	0.00
对其他存款性公司债权	18 698.39	17 701.02	18 094.28	16 058.76
对其他金融性公司债权	950.60	939.08	1 479.05	1 118.66
对非金融性公司债权	14 269.69	14 036.33	13 773.99	13 052.93
对其他居民部门债权	14 705.13	14 815.82	14 741.73	14 149.31
其他资产	3 218.32	3 272.07	3 340.72	3 404.54
总资产	**62 181.91**	**60 394.28**	**61 730.65**	**59 344.49**
对非金融机构及住户负债	43 665.76	42 837.31	42 849.44	41 287.91
纳入广义货币的存款	43 579.93	42 764.74	42 778.62	41 168.20
单位活期存款	6 378.96	6 339.14	6 425.03	5 697.44
单位定期存款	1 287.62	1 326.34	1 294.07	1 202.72
个人存款	35 913.35	35 099.25	35 059.52	34 268.03
不纳入广义货币的存款	0.23	0.48	0.45	1.00
可转让存款	0.21	0.47	0.44	0.99
其他存款	0.02	0.01	0.01	0.01
其他负债	85.60	72.09	70.36	118.71
对中央银行负债	573.33	682.47	805.82	940.51
对其他存款性公司负债	8 455.46	7 432.45	7 905.75	7 646.92
对其他金融性公司负债	222.29	263.58	293.24	318.60
其中：计入广义货币的存款	101.53	91.35	73.18	56.56
国外负债	0.89	0.93	0.92	0.90
债券发行	1.57	6.55	17.45	8.25
实收资本	1 374.95	1 343.69	1 318.81	1 305.95
其他负债	7 887.65	7 827.31	8 539.22	7 835.45
总负债	**62 181.91**	**60 394.28**	**61 730.65**	**59 344.49**

数据来源：中国人民银行。

附表15

证券市场概况统计表

年　份	2015	2016	2017	2018	2019	2020
境内上市公司数（A、B股）（家）	2 827	3 052	3 485	3 584	3 777	4 154
境内上市外资股（B股）（家）	101	100	100	99	97	93
境外上市公司数（H股）（家）	229	241	252	267	284	291
总发行股本（亿股）	43 024	48 750	53 747	57 581	61 720	65 526
其中：流通股本（亿股）	37 043	41 136	45 045	49 048	52 488	56 375
股票市价总值（亿元）	531 463	507 686	567 086	434 924	592 935	796 487
其中：股票流通市值（亿元）	417 881	393 402	449 298	353 794	483 461	643 096
股票交易量（亿股）	171 039.47	95 525.43	87 780.84	82 037.25	126 624.29	167 451.86
股票成交金额（亿元）	2 550 541.31	1 277 680.32	1 124 625.11	901 739.40	1 274 158.81	2 068 252.53
上证综合指数（收盘）	3 539.18	3 103.64	3 307.17	2 493.90	3 050.12	3 473.07
深证综合指数（收盘）	2 308.91	1 969.11	1 899.34	1 267.87	1 722.95	2 329.37
期末投资者数（万）	9 910.54	11 811.04	13 398.29	14 650.44	15 975.24	17 777.49
平均市盈率						
上海	17.6	15.9	16.3	12.5	14.3	16.1
深圳	52.8	41.2	36.2	20.0	26.2	33.5
平均换手率（%）						
上海	489.6	158.4	180.5	150.9	193.4	258.8
深圳	825.7	541.8	412.9	356.9	454.9	555.8
政府债券发行额（亿元）	59 408	91 086	83 513	78 278	85 187	135 293
公司信用类债券发行额（亿元）	67 205	82 242	56 352	77 905	107 058	142 012
银行间市场国债现货成交金额（亿元）	99 296	126 130	131 269	190 695	347 883	467 069
银行间市场国债回购成交金额（亿元）	1589 806	1757 356	1913 543	2144 206	2694 737	3031 178
证券投资基金只数（只）	2 723	3 873	4 848	5 580	6 111	7 237
证券投资基金规模（亿元）	83 971.83	91 595.16	115 989.13	130 339.08	147 672.51	198 519.33
交易所上市证券投资基金成交金额（亿元）	152 684.59	111 444.32	98 051.89	102 704.59	91 679.38	136 238.64
期货成交总量（万手）	357 802	413 782	307 106	301 070	392 157	602 735
期货成交额（亿元）	5542 347	1956 344	1878 951	2108 057	2905 856	4373 005

数据来源：中国人民银行、中国证监会、中国证券投资基金业协会、中央结算公司。

附表16　股票市值与GDP的比率

单位：亿元，%

年份	GDP	市价总值	比率	GDP	流通市值	比率
2002	120 333	38 339	31.85	120 333	12 487	10.38
2003	135 823	42 478	31.26	135 823	13 185	9.70
2004	159 878	37 081	23.18	159 878	11 701	7.31
2005	183 868	32 446	17.64	183 868	10 638	5.78
2006	211 923	89 441	42.19	211 923	25 021	11.80
2007	249 530	327 291	131.10	249 530	93 141	37.30
2008	300 670	121 541	40.36	300 670	45 303	15.04
2009	335 353	244 104	72.74	335 353	151 342	45.10
2010	397 983	265 423	66.69	397 983	193 110	48.52
2011	471 564	214 758	45.54	471 564	164 921	34.97
2012	519 322	230 358	44.36	519 322	181 658	34.98
2013	568 845	239 077	42.03	568 845	199 580	35.09
2014	636 463	372 547	58.53	636 463	315 624	49.59
2015	676 708	531 463	78.51	676 708	417 881	61.76
2016	744 127	507 686	68.30	744 127	393 402	52.85
2017	827 122	567 086	68.56	827 122	449 298	54.32
2018	900 309	434 924	48.31	900 309	353 794	39.30
2019	990 865	592 935	59.84	990 865	483 461	48.79
2020	1015 986	797 238	78.47	1015 986	643 605	63.35

数据来源：国家统计局、中国证监会。

附表17　境内股票筹资额和各项贷款增加额的比率

单位：亿元，%

年份	境内股票筹资额	各项贷款增加额	比率
2002	720.05	18 475.01	3.90
2003	665.51	27 651.67	2.41
2004	650.53	22 648.06	2.87
2005	339.03	23 543.82	1.44
2006	2 374.50	31 809.19	7.46
2007	7 814.74	36 322.51	21.51
2008	3 312.39	49 041.23	6.75
2009	4 834.34	95 941.63	5.04
2010	9 799.80	79 450.29	12.33
2011	7 154.43	74 715.39	9.58
2012	4 542.40	82 037.63	5.54
2013	4 131.46	88 916.22	4.65
2014	8 498.26	97 815.77	8.69
2015	16 361.62	117 238.60	13.96
2016	20 297.39	126 496.23	16.05
2017	15 534.98	135 277.81	11.48
2018	11 377.88	161 704.90	7.04
2019	12 538.82	168 144.09	7.46
2020	14 221.58	196 340.43	7.24

注：1.自2015年起，“各项贷款”包含银行业金融机构拆放给非银行业金融机构的款项。
2.境内股票筹资额不含可转债转股金额。
数据来源：根据中国证监会、中国人民银行数据整理。

附表18

股票市场概况统计表

年　份		2014	2015	2016	2017	2018	2019	2020
境内上市公司数（A、B股）（家）		2 613	2 827	3 052	3 485	3 584	3 777	4 154
其中：ST公司数（家）		44	51	62	64	57	137	218
中小板公司数（家）		732	776	822	903	922	943	994
创业板公司数（家）		406	492	570	710	739	791	892
境内上市外资股（B股）（家）		104	101	100	100	99	97	20
其中：ST公司数（家）		3	0	4	4	1	4	4
总发行股本（亿股）		36 795.10	43 024.14	48 750.29	53 746.67	57 581.03	61 719.92	65 455.94
其中：中小板总发行股本		3 470.59	4 853.94	6 423.69	7 612.24	8 360.10	9 322.12	9 923.58
创业板总发行股本		1 077.26	1 840.45	2 630.61	3 258.49	3 728.17	4 097.11	4 510.43
市价总值（亿元）		372 546.96	531 462.70	507 685.88	567 086.08	434 924.03	592 934.57	797 238.18
其中：中小板市价总值		51 058.20	103 950.47	98 113.98	103 992.02	70 122.00	98 681.32	135 377.58
创业板市价总值		21 850.95	55 916.25	52 254.50	51 288.81	40 459.59	61 347.62	109 338.54
流通市值（亿元）		315 624.31	417 880.76	393 401.67	449 298.14	353 794.20	483 461.26	643 605.30
其中：中小板流通市值		36 017.99	69 737.04	64 088.77	71 155.07	50 478.88	73 661.29	106 105.00
创业板流通市值		13 072.90	32 078.68	30 536.90	30 494.77	24 542.95	40 231.74	69 630.42
成交量（亿股）	合计	73 383.09	171 039.47	95 525.43	87 780.84	82 037.25	126 624.29	167 451.86
	日平均	301.04	700.98	388.08	359.76	337.60	518.95	689.10
	中小板	11 313.55	25 409.95	20 578.13	17 409.44	18 286.37	31 971.44	42 243.89
	创业板	4 035.30	9 938.88	9 509.90	8 829.88	11 642.30	19 009.23	30 218.85

续表

年　份		2014	2015	2016	2017	2018	2019	2020
成交金额（亿元）	合计	743 912.98	2550 541.31	1273 844.74	1124 625.11	901 739.40	1274 158.81	2068 252.53
	日平均	3 036.38	10 453.04	5 220.68	4 609.12	3 710.86	5 221.96	8 511.33
	中小板	152 166.57	497 556.18	344 164.94	259 879.80	203 625.83	310 656.51	501 795.70
	创业板	78 041.34	285 352.81	216 831.62	165 521.59	158 862.19	231 604.19	466 722.99
平均换手率（%）	上海	242.01	489.63	158.43	180.47	150.91	193.44	99.34
	深圳	471.99	825.65	541.76	412.88	356.92	454.90	200.00
平均市盈率	上海	15.99	17.63	15.94	16.30	12.49	14.26	16.76
	深圳	41.91	52.75	41.21	36.21	20.00	26.15	34.51
	中小板	41.06	68.06	50.35	45.56	21.04	28.47	35.81
	创业板	64.51	109.01	73.21	51.39	32.78	47.01	64.91
上证综合指数	开盘	2 112.13	3 258.63	3 536.59	3 105.31	3 314.03	2 497.88	3 066.34
	最高	3 239.36	5 178.19	3 538.69	3 450.50	3 587.03	3 288.45	3 474.92
	月日	2014/12/31	2015/6/12	2016/1/4	2017/11/14	2018/1/29	2019/4/8	2020/12/31
	最低	1 974.38	2 850.71	2 638.30	3 016.53	2 449.20	2 440.91	2 646.80
	月日	2014/3/12	2015/8/26	2016/1/27	2017/5/11	2018/10/19	2019/1/4	2020/3/19
	收盘	3 234.68	3 539.18	3 103.64	3 307.17	2 493.90	3 050.12	3 473.07
深证综合指数	开盘	1 055.88	1 419.44	2 304.48	1 972.55	1 903.49	1 270.50	1 734.63
	最高	1 504.48	3 156.96	2 304.49	2 054.02	1 966.15	1 799.10	2 340.89
	月日	2014/12/16	2015/6/12	2016/1/4	2017/3/17	2018/1/25	2019/4/8	2020/11/9
	最低	1 004.93	1 408.99	1 618.12	1 753.53	1 212.23	1 231.83	1 552.96
	月日	2014/4/29	2015/1/5	2016/1/27	2017/6/2	2018/10/19	2019/1/4	2020/2/4
	收盘	1 415.19	2 308.91	1 969.11	1 899.34	1 267.87	1 722.95	2 329.37

数据来源：中国证监会、上海证券交易所、深圳证券交易所。

附表19

中国债券发行情况汇总表

单位：亿元

年份	政府债务			金融债券			公司信用类债券（企业债）		
	发行额	兑付额	期末余额	发行额	兑付额	期末余额	发行额	兑付额	期末余额
2000	4 657	2 179	13 020				83		862
2001	4 884	2 286	15 618				147		
2002	5 934	2 216	19 336				325		
2003	6 280	2 756	22 604				358		
2004	6 924	3 750	25 778				327		
2005	7 042	4 046	28 774				2 047	37	
2006	8 883	6 209	31 449				3 938	1 672	
2007	23 139	5 847	48 741				5 181	2 881	7 683
2008	8 558	7 531	49 768				8 723	3 278	13 251
2009	17 927	9 745	57 950				16 599	4 309	25 541
2010	19 778	10 043	67 685				16 094	5 099	36 318
2011	17 100	10 959	75 832	23 491	7 683	75 748	23 548	10 326	49 095
2012	16 154	9 464	82 522	26 202	8 588	93 362	37 365	8 750	77 710
2013	20 230	8 996	95 471	26 310	13 306	105 772	36 784	18 673	93 242
2014	21 747	10 365	107 275	36 552	19 345	125 489	51 516	27 388	116 214
2015	59 408	12 803	154 524	102 095	53 852	184 596	67 205	39 757	144 329
2016	91 086	19 709	225 734	182 152	125 677	236 499	82 242	61 139	175 180
2017	83 513	27 567	281 538	258 056	216 410	278 301	56 352	52 378	183 252
2018	78 278	29 875	330 069	274 056	229 047	322 585	77 905	51 561	205 603
2019	85 187	37 175	377 273	259 360	217 335	364 622	107 058	74 064	246 176
2020	135 293	51 408	460 911	291 539	239 860	415 080	142 012	95 558	289 472

注：1.金融债券指由金融企业发行的债券，包括国开行金融债、政策性金融债、商业银行普通债、商业银行次级债、商业银行资本混合债、资产支持证券、证券公司债券、证券公司短期融资券、资产管理公司金融债、同业存单。

2.因统计制度调整，自2012年起，表中“企业债”替换为“公司信用类债券”，包括非金融企业债务融资工具、企业债券以及公司债、可转债、可分离债、中小企业私募债。

数据来源：中国人民银行。

附表 20

中国保险业发展概况统计表

单位：亿元，%

项 目	2014	同比增长	2015	同比增长	2016	同比增长	2017	同比增长	2018	同比增长	2019	同比增长	2020	同比增长
保费收入	20 234.81	17.49	24 282.52	20.00	30 959.10	27.50	36 581.01	18.16	38 016.62	3.92	42 644.75	12.17	45 257.33	6.13
1.财产险	7 203.38	15.95	7 994.97	10.99	8 724.50	9.12	9 834.66	12.72	10 770.08	9.51	11 649.47	8.17	11 928.58	2.40
2.人身意外伤害	542.57	17.61	635.56	17.14	749.89	17.99	901.32	20.19	1 075.55	19.33	1 175.16	9.26	1 174.11	－0.09
3.健康险	1 587.18	41.27	2 410.47	51.87	4 042.50	67.71	4 389.46	8.58	5 448.13	24.12	7 065.98	29.70	8 172.71	15.66
4.寿险	10 901.69	15.67	13 241.52	21.46	17 442.22	31.72	21 455.57	23.01	20 722.86	－3.41	22 754.14	9.80	23 981.92	5.40
赔款、给付	7 216.21	16.15	8 674.14	20.20	10 512.89	21.20	11 180.79	6.35	12 297.87	9.99	12 893.97	4.85	13 907.10	7.86
1.财产险	3 788.21	10.15	4 194.17	10.72	4 726.18	12.68	5 087.45	7.64	5 897.32	15.92	6 501.62	10.25	6 954.79	6.97
2.人身意外伤害	128.42	17.27	151.84	18.24	183.01	20.53	223.69	22.23	267.70	19.68	297.66	11.19	316.04	6.17
3.健康险	571.16	38.92	762.97	33.58	1 000.75	31.17	1 294.77	29.38	1 744.34	34.72	2 351.48	34.81	2 921.16	24.23
4.寿险	2 728.43	21.09	3 565.17	30.67	4 602.95	29.11	4 574.89	－0.61	4 388.52	－4.07	3 743.21	－14.70	3 715.11	－0.75
营业费用	2 795.79	13.67	3 336.72	19.35	3 895.52	16.75	4 288.06	10.08	4 717.73	10.02	5 490.57	16.38	5 728.05	4.33
银行存款	25 233.44	11.45	24 349.67	－3.50	24 844.21	2.03	19 274.07	－22.42	24 363.50	26.41	25 227.42	3.55	25 973.45	2.96
投资	66 997.41	23.54	87 445.81	30.52	109 066.46	24.72	129 932.14	19.13	139 724.88	7.54	120 618.47	－13.67	190 827.68	58.21
其中：国债	5 009.88	4.88	5 831.12	16.39	7 796.24	33.70	10 167.99	30.42	14 027.62	37.96	20 672.01	47.37	32 069.60	55.14
证券投资基金	4 714.28	31.85	8 856.50	87.87	8 554.46	－3.41	7 524.77	－12.04	8 650.55	14.96	9 423.29	8.93	11 040.41	17.16
资产总额	101 591.47	22.57	123 597.76	21.66	151 169.16	22.31	167 489.37	10.80	183 308.92	9.45	205 644.92	12.18	232 984.30	13.29

注：1.保费收入、赔款给付、营业费用为年度数据。

2.银行存款、投资、资产总额为年底数据。

数据来源：中国银保监会、原中国保监会。

附表 21 **2016—2020年全国非寿险保费收入构成**

单位：亿元，%

险种	2016	占比	2017	占比	2018	占比	2019	占比	2020	占比
车险	6 834.55	73.76	7 521.07	63.98	7 834.02	66.64	8 188.32	62.91	8 244.75	60.70
企财险	381.54	4.12	392.10	3.34	423.11	3.60	464.10	3.57	490.26	3.61
货运险	85.46	0.92	100.19	0.85	121.11	1.03	130.12	1.00	135.96	1.00
意外险	247.69	2.67	312.66	2.66	416.60	3.54	526.57	4.05	540.90	3.98
责任险	362.35	3.91	451.27	3.84	590.79	5.03	753.30	5.79	901.13	6.63
其他	1 354.60	14.62	1 764.09	15.01	2 370.06	20.16	2 953.92	22.69	3 270.69	24.08
合计	9 266.17	100.00	10 541.38	89.67	11 755.69	100.00	13 016.33	100.00	13 583.69	100.00

数据来源：中国银保监会、原中国保监会。

附表22 **2016—2020年全国寿险保费收入构成**

单位：亿元，%

险种	2016	占比	2017	占比	2018	占比	2019	占比	2020	占比
人寿保险	17 442.09	80.40	21 455.49	82.40	20 722.80	78.91	22 754.14	76.80	23 981.92	75.97
其中：普通保险	10 451.65	48.18	12 936.48	49.68	9 120.97	34.73	10 473.62	35.35	12 545.94	39.74
分红保险	6 879.77	31.71	8 403.20	32.27	11 489.15	43.75	12 166.97	41.07	11 327.18	35.88
投资连结保险	3.85	0.02	3.91	0.02	4.12	0.02	4.40	0.01	4.33	0.01
意外伤害保险	502.20	2.32	588.66	2.26	658.95	2.51	648.60	2.19	633.21	2.01
健康保险	3 748.51	17.28	3 995.40	15.34	4 879.12	18.58	6 225.68	21.01	7 058.50	22.36
合计	21 692.81	100.00	26 039.55	100.00	26 260.87	100.00	29 628.42	100.00	31 569.16	100.00

数据来源：中国银保监会、原中国保监会。

附表23　**2020年全国各地区保费收入情况表**

单位：亿元

地区	原保险保费收入	财产保险	寿险	意外险	健康险
全国合计	45 257	11 929	23 982	1 174	8 173
广　东	4 199	1 010	2 368	128	694
江　苏	4 015	993	2 348	87	586
山　东	2 972	686	1 614	62	609
河　南	2 506	571	1 368	53	515
浙　江	2 477	766	1 281	62	369
四　川	2 274	548	1 258	58	409
北　京	2 303	441	1 334	66	462
河　北	2 089	592	1 102	40	355
湖　北	1 854	370	1 095	42	347
上　海	1 865	509	1 000	75	281
湖　南	1 513	409	761	40	304
深　圳	1 454	363	695	47	348
安　徽	1 404	471	657	35	241
陕　西	1 103	238	666	24	174
黑龙江	987	210	528	18	231
福　建	1 006	261	506	29	210
辽　宁	970	300	485	21	164
重　庆	988	230	539	27	191
山　西	933	238	517	21	157
江　西	928	277	446	25	180
云　南	756	296	286	26	149
内蒙古	740	217	360	16	148
吉　林	710	188	354	15	153
广　西	734	233	326	28	147
新　疆	682	235	299	18	130
天　津	672	164	382	20	106
贵　州	512	225	183	19	84
青　岛	511	141	260	11	100
甘　肃	485	144	238	14	89
宁　波	391	174	162	10	45
大　连	369	86	221	8	54
厦　门	236	76	114	7	39
海　南	206	72	89	7	38
宁　夏	211	68	97	6	40
青　海	104	44	40	3	17
西　藏	40	27	5	3	4
集团、总公司本级	61	53	0	3	5

注：集团、总公司本级是指集团、总公司开展的业务，不计入任何地区。
资料来源：中国银保监会。

附表24

支付系统业务量统计表

单位：万笔，亿元

项目/年份	2016		2017		2018		2019		2020	
	笔数	金额	笔数	金额	笔数	金额	笔数	金额	笔数	金额
大额支付系统	82 566.97	36 162 984.12	93 208.70	37 318 633.92	107 310.73	43 534 782.76	109 420.65	49 507 235.60	51 238.59	56 477 315.84
小额支付系统	234 830.13	309 131.24	252 753.84	331 445.29	218 279.40	355 326.99	262 747.64	605 762.37	345 847.09	1 468 749.46
网上支付跨行清算系统	445 314.80	374 610.10	846 427.92	617 200.49	1 209 784.49	890 544.71	1 401 083.51	1 107 671.35	1 562 428.52	2 034 909.53
同城票据清算系统	37 246.57	1 308 049.55	35 902.76	1 308 500.57	35 488.89	1 120 284.71	28 222.42	818 879.01	7 024.12	85 366.42
境内外币支付系统	198.58	54 732.23	201.66	67 456.07	213.52	83 267.58	220.26	85 351.07	266.45	102 710.32
人民币跨境支付系统	63.61	43 617.74	125.90	145 539.58	144.24	264 463.17	188.43	339 255.39	220.49	452 719.17
银行业金融机构行内支付系统	2 583 027.85	12 154 693.66	3 231 336.24	13 336 885.70	3 669 527.73	13 320 871.21	1 646 891.13	12 186 942.70	1 691 863.67	15 883 193.10
银行卡跨行支付系统	2 376 180.09	670 694.00	2 934 772.13	938 491.66	3 551 388.83	1 202 916.18	13 517 472.61	1 736 037.62	15 056 000.29	1 921 845.97
网联清算平台	—	—	—	—	12 847 693.77	579 065.80	39 754 200.00	2 598 422.78	54 316 848.16	3 488 636.29
城市商业银行汇票处理系统和支付清算系统	—	—	—	—	6 295.78	5 882.82	477.20	7 320.89	755.90	11 004.03
农信银支付清算系统	—	—	—	—	59 778.84	30 285.70	130 239.91	29 284.94	173 805.52	26 442.46

注：1.根据人民银行“断直连”工作要求，第三方支付机构全部接入银联或网联系统，商业银行与支付机构之间的业务不再计入行内系统，城银清算有限公司和农信银资金清算中心成员机构与第三方支付机构之间的业务不再计入城商行支付清算系统和农信银支付清算系统业务量统计。

2.自2018年起，银行卡跨行支付系统业务笔数统计口径有所调整，一是增加支付机构发起的通过银行卡跨行支付系统处理的涉及银行账户的网络支付业务量；二是业务笔数仅包含资金清算的交易，不再包含查询、账户验证等不参与资金清算的交易。

数据来源：中国人民银行。

责任编辑：李　融　董　飞
责任校对：孙　蕊
责任印制：程　颖

图书在版编目（CIP）数据

中国金融稳定报告. 2021/中国人民银行金融稳定分析小组编. —北京：中国金融出版社，2021. 9

ISBN 978-7-5220-1320-6

Ⅰ.①中…　Ⅱ.①中…　Ⅲ.①金融市场—研究报告—中国—2021　Ⅳ.①F832.5

中国版本图书馆CIP数据核字（2021）第185254号

中国金融稳定报告2021
ZHONGGUO JINRONG WENDING BAOGAO 2021

出版
发行　中国金融出版社
社址　北京市丰台区益泽路2号
市场开发部　（010）66024766，63805472，63439533（传真）
网 上 书 店　www.cfph.cn
（010）66024766，63372837（传真）
读者服务部　（010）66070833，62568380
邮编　100071
经销　新华书店
印刷　北京侨友印刷有限公司
装订　保利达印务有限公司
尺寸　210毫米×285毫米
印张　8.25
字数　141千
版次　2021年9月第1版
印次　2021年9月第1次印刷
定价　238.00元
ISBN 978-7-5220-1320-6